1880 CENSUS:
CAMPBELL COUNTY, TENNESSEE

Transcribed by:

Byron Sistler and Barbara Sistler

JANAWAY PUBLISHING, INC.
Santa Maria, California

1880 Census: Campbell County, Tennessee

Copyright © 1979 by Byron Sistler.
All rights reserved. Permission to reproduce in any form
must be secured from the Author or the Publisher.

Originally published, Evanston, Illinois
1979

Reprinted by

Janaway Publishing, Inc.
732 Kelsey Ct.
Santa Maria, California 93454
(805) 925-1038
www.JanawayPublishing.com

2006, 2011

ISBN: 978-1-59641-063-3

Made in the United States of America

IMPORTANT INFORMATION

You cannot utilize the material in this booklet at all effectively unless you read the following.

This booklet is an exact transcription of the county schedule, household by household. A transcription in sequence from the schedules is very useful in placing the relationships of neighboring families. When the county by county transcription is completed, a state-wide index of heads of household and of individuals whose surnames differed from that of the household head will be prepared to be used either with the printed transcriptions or the microfilm.

Surnames appear in capitals. Where a surname does not appear before the person's given name in a family listing he has the same surname as the entry immediately preceding him. Given names were copied as read with the exception of Francis--Frances to indicate sex of person. Where there is a doubt about gender of a name we have followed it with (m) or (f).

Age of each person is listed after his name. Unless indicated by (B) (Black) or (Mu) (Mulatto), the person is Caucasian (W). In a household, unless a symbol for race appears after a name, person is of same race as the preceding household member(s).

Occupations were shown on the schedules for all persons but young children. These are listed in our transcription with the following exceptions--farmer or farm labor for men and housekeeping for females. Thus, if no occupation is given, farmer or housekeeeper can be assumed.

Illnesses and infirmities at time of the census enumeration are shown as indicated on the schedules.

The place of birth of each individual was to be included on the schedules along with place of birth of each of his parents. We have used standard Post Office abbreviations for the states, except where Tennessee is indicated we simply use a T. If the individual and both parents were born in Tennessee this item is omitted. Also in households where the parents were born in other states but the children were born in Tennessee the birthplaces of the father and mother are not repeated unless there is a discrepancy.

Relationship of all persons in the household to the head of household was to be indicated. We have omitted this where it was obvious that the second person was the wife and succeeding individuals were the offspring of the father. Where identification in this fashion seemed unclear we entered what we thought were appropriate notations.

An example from the transcription (fictitious entry) should be informative:

> SHELTON, George 47 (T AL GA), Susan 37, Bettie 20, Narcissa 18, Mary 15 (KY), Ada 13 (blind); WALKER, Caroline 40 (sister) (widow) (T AL GA), George 21 (nephew); MAXWELL, Eli (B) 35 (farmhand), Louisa 28 (servant); SCRUGGS, Henry 28 (W) (boarder) (schoolteacher), Josie 24 (Henry's wife), Mamie 3 (Henry's dau)

This translates into George Shelton age 47, a white man born in Tennessee whose father was born in Alabama and mother in Georgia; his wife Susan age 37, born in Tennessee and parents also born in Tennessee; George's children Bettie, Narcissa, Mary and Ada. The first two were born in Tennessee, Mary in Kentucky and Ada in Tennessee. Ada is blind. George's sister Caroline Walker lives with the family with her son George (though conceivably George Walker is not Caroline's child). A black man, Eli Maxwell, lives here and works as a farmhand for George Shelton. Louisa Maxwell, listed as servant, is probably Eli's wife, but she could be a sister. The Henry Scruggs family is made rather clear in the schedules, as noted above; they were Caucasian.

Keep in mind that this is a copy from handwritten schedules. Although the condition of the schedules and the handwriting is much improved in 1880 over earler censuses, it is still quite possible to misinterpret individual names (or letters).

Byron & Barbara Sistler

CAMPBELL COUNTY

Page 1, District 1

1. AGEE, Henry C. 29 (bootmaker), Moss]9 (wife), James R. 2
2. BALLARD, John 39 (neuralgia), Sheba 30, James 14?, Sarah J. 10, Silas M. 8, Louiza 6, Katharine 2
3. MORTON, D. R. 36, Survaner J. 33 (wife), John T. 12, Lotty 10, James R. 6, Nancy E. 2, Mary B. 1
4. HEATHERLEY, Thomas (B) 52 (GA __ __), Emily 49 (T __ __), Margret 24, Dolley 20, Peter 17, James 15, George 13, John 11, Milton 7, Katharine 5, Mary 2, Louisa M. 5 (g dau) (T __ T), Huston E. 2 (g son) (T __ T)
5. HEATHERLEY, Leroy (B) 23 (T GA T)
6. HARNESS, Nancy 69 (crippled) (widow) (NC __ __), Mary 40 (T T NC), James M. 14 (g son), Nancy J. 11 (g dau), Lidia M. 5 (g dau), George 3 (g son)
7. GREEN, William 41 (VA KY VA), Katharine 41, John 18, Sarrah A. V. 16, Mary E. 14, Robert 10, Lucrecia 7, Margret I. 4
8. HEATHERLEY, G. W. 37, Demaris 36 (wife) (KY KY T), Jamaca 14 (dau), William 10, Mattie 8 (dau), Rose 4, Texas 3 (dau)

Page 2, District 1

9. RAINS, Moses M. 32 (KY VA KY), Dacus 32 (wife) (KY T T), John 7, Hays 3, Demeris S. 8/12 (b. Sep) (dau)
10. GRANT, James H. 70 (T MA MA), Katharine 47 (wife) (T PA T), Abagill 20, Elizabeth 17, Jerusha 14, Nancy 11, Columbus 8; BLACK, John 44 (hired laborer) (T T VA)
11. GRANT, John 23, Sarah 21, Abigail 4, Mary E. 3, James H. 1; FRANKLIN, Mary 63 (g mother) (NC __ __)
12. GRANT, Rufus M. 55 (T CT T), Loucy 57 (T Ire T), Alvis M. 16, Isaac R. 13
13. SHARP, F. W. 30 (merchant retail), Louiza 24 (wife), Rutha E. 4, Samuel F. 2
14. SHARP, Eli 59 (retail merchant) (T NC T), Cintha 58, William 19; DAGLEY, Loucy 18 (raised), Cintha 2 (raised?)
15. JOHNSON, G. W. 52 (retail licquor dealer), Sarah J. 46, Andrew J. 17, Mary 15; ALBERT, Sarah C. 10 (g dau) (T PA T)
16. LEWALLEN, J. W. 32 (T VA T), Susan A. 36 (wife) (T VA T), Curtis 9, Eliza E. 7, Freeman 5, Mary M. 3, John S. 10/12 (b. Jul)
17. HAYS, John M. 47, Lidia 42, Columbus 23, Mary J. 20 (dau) (MO T T), John F. 17 (T T T), Cordela B. 12, Rietty 7 (f), William S. 3, Emily F. 1

Page 3, District 1

18. BURRIS, Jacob 26, Charity 24, Richard F. 2
19. ROBINS, William Z.? 39, Malinda J. 38 (T NC T), Samuel 17, John 15, Parlia 12, Mary E. 8, William F. 5/12 (b. Jan)
20. ROBINS, William 54 (T VA VA), Salley Ann 37 (wife), Ida H. 16, Nursa? L. 11, Jefferson C. 9, Caliway 7, Emma 5, William H. 3
21. WOOD, William 28, Margret 27, Addy K. 4, David J. 3, Loucy A. 1
22. WOOD, David A. 26
23. LOY, F. H. 24, Florance 21
24. HEATHERLEY, A. J. 59, Sarah 57 (wife) (T NC VA), Loucinda 20; PINKLETON, Mary J. 12 (taken to rase)
25. HEATHERLEY, J. M. 26 (m)
26. AGEE, J. H. 53 (lawyer), Mary 49 (wife), James W. 21 (IN T T), Alford J. 19 (T), William 16, Jesse E. 12, Joseph H. 9, Katharine 8
27. STANFORD, Hiram 69 (VA Ire NC), Elizabeth 54 (VA VA NC), Charity 29 (VA), John 15 (T), Ann 11 (g dau) (T T VA), Gerusia 7 (g dau) (T T VA), Monterville 5 (g son) (T T VA), Jones 1 (g son) (T T VA)

CAMPBELL COUNTY (2)

Page 4, District 1

28. STANFORD, W. C. 33 (VA VA VA), Mary 25 (VA VA VA), Susan E. 5, James 3, Matty 1 (dau)
29. HEERIN, James 51 (colier) (T NC NC), Susan 51 (VA VA VA), Sarah 18 (VA)
30. HEERIN, Delana 29 (VA T VA)
31. BOSHEARS, Liney (f) 56
32. BOSHEARS, Susan 19, Loucinda 16 (sis)
33. MALLICOAT, Rebecca 55, Manurva 27 (dau) (T NC T), Richard 12 (g son) (blind), Salley Ann 7 (g dau), Elizabeth 4 (g dau), Lavicy 1 (g dau), George 26 (son), Calvin 3 (g son)
34. MALLICOAT, Lavicy 54, Mary 78 (mother) (SC SC SC)
35. WILSON, John 50 (T T VA), Hannah 52, Clery E. 25 (dau), Sarah E. 5 (g dau)
36. BRANUM, Jonathan 29, Mary E. 27, John F. 5, Hiller F. 3 (son), William H. 10/12 (b. Aug)
37. BOSHEARS, George 22, Roda 24, William 3, James 1
38. NEALS, Boshears 30, Margret 45 (wife), Jeremiah 10, Daniel 8, George 6
39. BOSHEARS, Martha 26, Sarah 6 (dau), George 3 (son)
40. CARROLL, Elizabeth 58 (widow), Leaer 9 (g dau)
41. AGEE, John C. 28, Nancy J. 23, Salley A. 2, James 9/12 (b. Sep)

Page 5, District 1

42. LETT, Sarah 70 (widow) (crippled)
43. JONES, Cintha 48 (widow) (T VA T), Rufus S. 19, Wiley B. 17
44. LOY, William 31, Olive 31, Susan E. 13, Martha A. 12, Loora M. 7 (dau), John 1/12
45. COMER, Levi L. 35, Jane 22 (wife), John 10 (son), Katharine 8, William F. 4/12
46. RUTHERFORD, Robert 34, Elizabeth 32, John 11, Sarah 9, Mary 7, Manda 5, Eli D. 1
47. NELSON, William 52 (T NC NC), Elizabeth 35 (wife), Fidela 19, Louiza 14, James W. 10
48. MORTON, James 62 (physician) (T NC T), Anney M. 54 (T VA VA), John 23 (teacher), George M. 18, Louiza 19
49. PRESTON, Crutchfield 26, Mary J. 25 (T KY T), John 6, James 4, William 2; ACOCK, Ure J. 8 (step dau)
50. NELSON, J. M. 24 (T NC T), Sarah 24, John 1, Isaac 5/12 (b. Jan)
51. STANFORD, Jane 23 (VA VA VA), Roxy 5 (dau) (T T VA), Candes 3 (dau), Millard 1
52. MALLICOAT, Calvin 25 (T __ T), Ann 28, George W. 1

Page 6, District 1

53. LONGMIRE, William 20, Christena 16, Mary J. 4/12 (b. Jan)
54. LONGMIRE, J. F. 58 (T NC NC), Crissey 58 (wife), Mary 18, John F. 9 (g son)
55. LONGMIRE, John 28, Mary 30 (T T SC), Eli 7, Alles J. 5 (dau), Doctor L. 11/12
56. LONGMIRE, Elizabeth 22?, Charley L. 2 (son), Mary E. 1 (dau)
57. COX, George 33, Martha 23, John D. 6, Tempy J. 3, Louiza 8/12
58. COX, John 57 (widower) (T NC NC), Tempa 26, Henry 23, Low 21 (son), James 12 (g son); RIDENOUR, Sarah 14 (niece)
59. WILSON, Calvin 45 (T T NC), Nancy M. 46, Surrelda 15, Armsted 12, David 10/12; NELSON, Loucy 1/12 (g dau)
60. WILSON, Louis 18, Eliza E. 21, Katharine 39 (mother in law), Manda 14 (sis in law), Martha A. 12 (sis in law), Horace M. 8 (bro in law), Mynatt K. 5 (bro in law)
61. BOLTON, Louis 26, Sarah 22, John W. 2
62. SMITH, Sarah 67 (NC NC NC); COX, Polley 100 (mother) (NC NC NC)
63. NELSON, Peter 21 (T NC NC)
64. RICHARDSON, William 37, Nancy J. 37, Thomas R. 14, William A. 12, Julia A. 8, Martha L. 6

CAMPBELL COUNTY (3)

Page 7, District 1

65. BAKER, G. W. jr 25, Nancy J. 18 (wife)
66. GLEN, Madison 65 (temster) (T __ __), Lidia 35 (wife), Mary 17, Anney 8/12 (g dau)
67. WRIGHT, Nancy 43 (widow) (T VA T), James H. 23, Mary K. 18, Jesse 13, William F. 11, Nancy 9, Margret 7, Henry 5
68. BAKER, G. W. sr. 58, Jane 45 (wife), Evins 26 (retail merchant), James F. 16, Julia 14, Sarah 13, Mary 10, Love 9, Moss 6 (dau)
69. COX, James 27, Nancy 21, George 1
70. JONES, Thomas 54 (T NC VA), Sarah E. 28 (wife); ROSIER, Millard 28 (son in law), Huston 5 (g son)
71. POWELL, J. P. (m) 29 (widower)
72. POWELL, J. L. 27, Nancy 28 (wife) (T NC T), Margret E. 5, Sarah C. 3, Martha j. 1, James J. 5/12; SWEAT, Lea (B)]5 (laborer)
73. JONES, John 76 (widower) (phsician--sic)(NC VA VA)
74. POWELL, Jourden J. 3], Manuva J. 35, Matha H. 9, Joseph O. M. 6, Nancy E. 4, James W. G. 2; RAINES, Sarah 25 (servant)
75. POUELL, James 58 (widower) (T __ __), William 24, Doctor H. 20, Richard W. 17

Page 8, District 1

76. HOUSLEY, James 34, Katharine 33, Sarah H. 14, Cleary 11 (dau), Joseph 9, Alexander 8, Robert 4, Pheby J. 1
77. HOUSLEY, Robert 61 (T T NC), Sarah 59
78. HOUSLEY, Pleasant 22 (widower)
79. SMITH, William H. 23, Pheby 17
80. FORD, Isaac 23, Margret 19, Robert 1
81. FORD, Stepen A. 51, Nancy J. 52, Stephen 14, Martha A. 16, John A. 13
82. FORD, Stepen 33, Clearry 28 (wife), Robert 9, John F. 8, Pheby K. 6, Joseph 4, Malinda 2, Nancy J. 4/12 (b. Jan)
83. HOUSLEY, Peter 40, Katharine 39, Loucinda 19, Emaline 17, Milton 13, James 7, Joseph 6, Moss 3 (dau), Luther 1
84. BRANUM, Louis 33, Mary 36 (T T NC), Ida B. 17 (IN), Jonathan 14 (T), Sina 11, James M. 9, Zebodee 7, Jesse 4, Eli 1
85. HEATHERLEY, Alexander 57, Sarah 49 (cancer), Mary 21, Sarah 14, Alexander 11

Page 9, District 1

86. HEATHERLEY, George 24
87. SNODERLY, Bratcher 24, Malinda 22 (T T KY), Henry 2, John 1, Milley 53 (mother) (KY __ __)
88. HEATHERLEY, Stephen 29, Elizabeth 24, William 8, Franklin 4, George 2, Alexander 7/12 (b. Oct)
89. WILHIGHT, David 55, Emily 45 (NC NC NC), Sarah 23, David 21, John F. 18, Susan E. 13, Ulisus 12
90. WILHIGHT, Rufus 25 (T T NC), Sarah 21, David 2, John N. 4/12 (b. Feb)
91. TIDWELL, Mary 49 (T KY VA), Armilda 31, George W. 15, James E. 4 (g son) (T KY T), Andrew J. 1 (g son) (T T T)
92. BOSHEARS, J. W. 55 (T __ __), Polley 27 (wife) (T T NC), Nancy]3, Andrew 16, William C. 6, Henry 1
93. VOIOLATE, Martin 35 (blacksmith) (T KY VA), Ann 29, Matt 9 (son), John 6, James 4, Loucy 3, William H. 1
94. BROWN, Katharine 35 (widow), Alis 15 (dau), Sarah 12, Sturling 9, John 6, Henry 1

CAMPBELL COUNTY (4)

Page 10, District 1

95. STOUT, A. S. 25, Eliza 26, Manda 7/12; CARRELL, James 6 (stepson)
96. EASTER, Madison 59, Rachel 62 (NC NC MD), Joseph 35, Susan E. 23, Rachel 10/12 (g dau) (T KY T)
97. STOUT, William 28, Sarah E. 24, Mary A. 4, Rebecca E. 1
98. WILSON, Sampson 48 (T NC NC), Mary 33 (T VA T), George 22; WALKER, Mahala 16 (step dau) (AL T T)
99. HUTSON, William 50 (T KY T), Sealy 46, Sarah E. 23, Martha 13, John 11, Nancy 8, Sillus 3 (son)
100. SAULS, Samuel 33 (temster) (T VA T), Maggie E. 31
101. BONER, D. C. 36 (hammerman), Louiza 33, George D. 12, Joseph H. 10, Jesse B. 8, John 4, Marium 5, William 1
102. ROACH, Ben 39 (house carpenter) (KY T KY), Rutha 34, Ayres F. 16, Lawrey B. 13 (dau), John 11, Love 9, Loney 8 (dau), Benjamin 4, Logan 2, Nancy 1
103. HEATHERLEY, William 47, Nancy 40, James 21, John 19, Alvis 17 (son), Wesley 11, George 9, Andrew 2

Page 11, District 1

104. CHAPMAN, Thomas 59 (VA VA MD?), Milly A. 46 (wife), Emily 20, Barbary 17, Hannah 14, William 12, Sarah 8, John 3
105. RIGGS, Joseph 26, Mariah 23
106. WILLOUGHBY, John 41, Eliza 35 (VA VA VA), Parlia 13, Granville 11, James 9, George 7, William H. 3, Charley 2, Sopha J. 4/12 (b. Jan)
107. WILLOUGHBY, Jane 74 (widow) (T VA VA), Sarah 33 (dau)
108. MILLER, Payton 50 (T VA VA), Nancy 40 (T VA VA), John H. 22, Early 20 (son), Serepty 14 (dau); WILSON, James 19 (son in law), Manda 18 (dau)
109. HOLINGSWORTH, Daniel 66 (T MD MD), Cristena 36 (wife), John 12, Rebeca 7
110. COMER, Henry 29 (T VA T), Elizabeth 26, George 4 (nepew), Elizabeth sr. 74 (mother), Milley 37 (sis) (T VA T)
111. AYRES, James 32, Nancy 25, Addie B. 6, Am M. 4, Julia M. 10/12
112. AYRES, Fulmore 23
113. BROWN, Samuel 46, Elizabeth 39, Sarah 17, Martha A. 15, Harvy 12, Lassey 10, Rachel 7, Robert F. 5, John 1

Page 12, District 1

114. NELSON, Enoch 64 (NC NC NC), Mary A. 59 (NC NC NC), Nancy 38, John P. 17, William 7 (g son)
115. HEATHERLEY, John 26, Louiza 23, Sarah K. 6, Nancy E. 5, Martha A. 3, Joseph 2
116. MALLICOAT, Milton 35 (T T SC), Martha 38, William S. 8, John 7, Robert 4, Alvis 1 (son), Milton 2/12 (b. Mar)
116. (not numbered, but clearly a separate family)
    HEATHERLEY, William 30, Lidia 24, James F. 5, Rose A. 2, George W. 1
117. KINCAID, James (B) 55, Mariah 26 (wife), John F. 9, Oiver (Oliver?) 13
118. MALLICOAT, Franky 59 (widow) (NC NC NC), Alvis 22 (son) (T NC NC), Louiza 20, Joseph 17, Martha 14, Melvina 19 (dau in law) (VA VA VA)
119. ROACH, William 32 (T T KY), Mary E. 33 (T NC T), James A. 12, David H. 9, John T. 8, Benjamine 6, Joseph W. 5, Paris T. 2; WILSON, Elizabeth 16 (servant)
120. BAILEY, John 55 (KY KY KY), Sarah 46; PRATER, Sarah 8 (g dau)
121. WRIGHT, Henry 18 (T KY T), Kizziah 19, Louvenia 4/12

Page 13, District 1

122. MILLER, Louis 31, Mary E. 25, Sarah E. 6, Nancy L. 4, Maggazene (f) 1
123. BAILEY, Karwell 23 (T VA T), Mary A. 23 (IN VA T), Mary E. 6, Loucy A. 2, Emely J. 9/12

CAMPBELL COUNTY (5)

Page 13, District 1 (cont'd)

124. MAXWELL, Wm. H. 41 (VA VA VA), Barbary 43 (VA VA VA), Charles 14 (VA), Elzabeth 13 (VA), Frances M. 10 (T)
125. GLENN, Brownlow 23 (teamster)
126. NELSON, William 26 (T NC NC), Elizabeth 38 (wife), Sarah E. 2 (step dau); ROMINES, Manurva 16 (step dau), James 15 (step son), Priar 13 (stepson); LEACH, Hester A. 11 (step dau), Thomas M. 9 (stepson), Nancy E. 8 (step dau), Edmond 7 (step son), John 6 (stepson)
127. JONES, Isaac N. 50, Emily J. 50, Elbert 19, William J. 17, Isaac H. 15, Elizabeth 13, Laraphene 10 (dau), Horace M. 6
128. MILLER, George 38, Sarah 43 (T KY T), Hulda J. 21, Thomas 15, William 13, John 10, Snead 9, Maggie 6, George 1; WILSON, Darthaly (f) 30 (servant) (VA VA VA), Robert 2 (staying) (T T VA)
129. WILSON, James H. 30, Eliza J. 28, William W. 4, Agee 2, Lawrey 4/12 (dau), James 64 (father), Martha 65; HARLESS, John 21 (nepew)

Page 14, District 1

130. SHEPPERD, James 72 (VA VA VA), Elizabeth 49 (wife) (VA VA VA), John 19 (VA), William H. 18 (T), Martha J. 15, George 13, Lassee 10, Horace M. 8
131. WRIGHT, Henry 35 (IN IN IN), Adaline 25 (VA VA VA), William 5/12 (b. Jan)
132. COMER, John 44 (T VA T), Hamy 40 (wife) (T VA VA), Salley A. 6 (T T VA), James 4, Nancy E. 3, John 1
133. WIRICK, Jefferson 68 (VA VA VA), Margaret 55 (wife) (T KY T)
134. WIRICK, Thomas 25 (VA VA VA), Ann 24 (T T SC), Ellen 1
135. WIRICK, John 45 (VA VA VA), Frona 35 (VA VA VA), Charley 9, George 6
136. SHEPPERD, Riburn 23 (VA VA VA), Katharine 20, Whit 1; CHAPMAN, Rebecky 60 (mother in law) (T VA VA), Mary 11 (sis in law)
137. HARLESS, William 50, Elizabeth 39 (wife), James 20, Darcus 17, Hazy 14 (dau), William M. 12, Pleasant 9, Martha 6, Hiley 4, Effie 6/12
138. BRANTLEY, Margret 58 (widow) (VA VA VA), Jasper 24 (T NC VA), Roda 20 (GA NC VA), Mary 18 (GA NC VA), Isabelle 16 (GA NC VA); STEPENS, Martha 39 (dau) (T NC VA)

Page 15, District 1

139. BRANTLEY, Luther 25 (T NC VA), Susan 20, Afred 1
140. GREEN, John 57 (T SC SC), Sarah 41, Joab H. 20, Richard 16, Nancy M. 13, Sarah 11, Hester A. 8, David R. 4, John F. 1
141. BRASCHER, Thomas 33, Sarah W. 26, James 7, Henry 5, Mary J. 3, William F. 1, Roda 73 (mother) (T VA VA), William 23 (bro)
142. GREEN, Reuben 53 (physician) (T SC SC), Nancy 46 (T NC T), James 26, Hosea J. 20, Manurva 17, Sarah E. 15, Mary M. 12, Richard G. 9, David 5, Reuben 4
143. WILLIAMSON, Charley 56, Sarah 55, Richard 30, James 20, Barbary 17, Newton 10
144. WILLIAMSON, Margret 25, Eliza 26 (sis), Henry 4 (son), John 2 (son), George 2 (nepew)
145. PETREE, George 45, Polley A. 45, Sarah A. 21, Frances 18, Isabell 17, Nancy E. 14, Adilad 12, Easter J. 8

Page 16, District 1

146. ROACH, John 37 (house carpenter) (KY T KY), Mary A. 35, Mary A. 16 (IN), Nancy E. 9 (T), Benjamin P. 8, Ericus W. 6, George A. 4, Newton M. 2, Farlania 8/12
147. MILLER, John 26, Jane 25, Lona E. 5, Enos 11/12
148. BAKER, Evins 55, Rachel 48, Thomas 24, Nathaniel I. 22, George 19, Robbert 16, Loucy A. 14, Mary E. 12, William F. 9, Sarah A. 7, Nancy C. 5, Martha M. 2; SHARP, Winfield (B) 19 (servant)

CAMPBELL COUNTY (6)

Page 16, District 1 (cont'd)

149. BAKER, John 27, Loucy 24, Carry A. 3 (dau); MILLER, Alfred 15 (bro in law); SHARP, David (B) 16 (servant)
150. SHARP, Joseph (B) 31, Harriett 29
151. BROWN, James R. 65 (T VA VA), Sarah 67 (T VA VA)
152. BROWN, Henry 32, Mary A. 30, David 8, John 5
153. BROWN, John 38, Mary A. 38, Martha 9, William M. 7, Loucinda 4, Sarah 1
154. McCARTY, Dabney 27, Katharine 80 (g mother) (crippled) (VA VA VA), Harett 62 (mother) (crippled) (VA VA VA), Susan 50 (aunt) (T VA VA)

Page 17, District 1

155. STONECIPHER, J. H. 23 (U.S. Stk & Gr)
156. WOODARD, Frank 21, Mary 23, George M. 1, Jesse 1/12
157. WILSON, Nelson 52, Martha 48, Jesse 22, Franklin 21, William 17, George 15, Alexander 14, Sherman 12, Andrew 10, Demeris 7 (dau), Salley A. 5
158. MILLER, Thomas 50, Elizabeth 47, William 9, Kizziah A. 7 (dau), Isaac 5; SHARP, Jasper 21 (step son)
159. SHOWN, Fredrick sr. 80 (T VA VA), Cealy 66 (wife) (T VA NC)
160. COX, Maynard 22 (T NC T), Cintha E. 20, William 1
161. COX, Abraham 55, Jincy 63 (wife) (crippled) (T VA NC), Elizabeth 20 (T NC T), Allus 7 (g dau), Criley J. 5 (g dau); WILSON, Rufus 15 (nepew)
162. WOODS, Crofferd 23, Peany 18 (wife), Sarah 2/12
163. GRANT, K. B. 34 (T T KY), Mary A. 30, Sarah M. 9, Mary L. 7, Susan E. 4, Fraky A. 2 (dau)
164. GRANT, J. C. 25 (T T KY), Nancy K. 18, Mandy J. 2; HAGGARD, Loucinda 42 (mother in law), Mandy J. 13 (sis in law), George M. 10 (bro in law)

Page 18, District 1

165. RIDENOUR, Daniel 45 (miner), Mary J. 36, Patton 14, William 12, Alvis 9, Isaac N. 6, Ulisus H. 2
166. RICHARDS, Wiatt 50 (NC Scot SC), Jane 46 (SC NC T), Nancy J. 19, Emaline 17, Elija 15, Martha 14, Daniel 12, Roda 10, James 5, Caladona 1 (g dau)
167. HATMAKER, George 21, Sarah 20, Sterling 4, Mary E. 2, Loucy 17/30 (b. Jun)
168. HATMAKER, Louis 25, Martha J. 23, Mary J. 5, Silas 2
169. BOLINGER, Preston 28, Loucinda 22, William H. 3, Charles E. 2
170. RIDENOUR, William F. 19, Tilda A. 17
171. RIDENOUR, H. L. 48, Nancy 48 (wife), Emily A. 22, Francis M. 19, Joseph L. 17, Harry G. 15, Joicy E. 11, Sarah F. 9, Charles A. 6, Minnie M. 2
172. BULLOCK, Aron 58, Nancy 58, Susan 23, Malinda 18; CARVER, Maynard 18 (servant)
173. RIDENOUR, Harvy G. 34 (T T CT), Loucinda 27, Mary A. 11, Martha J. 7, Charles W. 6, Emily F. 5, Loucy E. 2, Nancy K. 5/12

Page 19, District 1

174. MORTON, K. A. 44 (house carpenter), Elizabeth 32 (wife), Nancy K. 11, George W. 9, Martha J. 6, Cordela 2, James A. G. 2/12
175. JOHNSON, George W. 32, Loucinda J. 32, William B. 10, Eliza A. 9, Thomas G. 7, Nancy E. 4, Sarah E. 1
176. BOLINGER, Mary A. 52 (widow), Henderson 25, Prior M. 17, Thomas S. 13, Melvina 10
177. MITCHEL, Elija 47 (T __ T), Nancy 42, John 20, James C. 16, George C. 11, Robbert L. 9, Mary N. 7, Milburn 3
178. BOLINGER, H. H. 23, Martha 26, Hester A. 1

Page 19, District 1 (cont'd)

179. MOWREY, John T. 25, Eliza J. 27 (T T VA), David R. 6, Anney 5, Mary 3, Loucinda 1/12
180. STOUT, William F. 31, Love 31, Henry C. 6, Harriett 5, John C. 2
181. SANDERS, Abraham 43 (T T NC), Mary A. 39 (T NC T), Joseph 20, William 18, John 13, Preston 6, James 1

Page 20, District 1

182. COMER, F. M. 35 (T VA T), Elizabeth 31 (wife), Mary 13, Linton E. 10 (dau), Emmie 9, James E. 8 (IN), Florry E. 6 (dau) (IN), Martha 4 (T), John F. 2, Nancy A. 10/12
183. ALBRIGHT, John 32, Amanda 39, Nancy E. 13, Mary L. 12, James S. 7, William F. 11, Parley E. 8 (dau), Elbert C. 5, Orlena G. 2
184. STOUT, John 29, Martha J. 33, Marietta 14 (step dau), Meade 12 (step son), James A. 10 (step son), Manurva A. 7 (step dau), Benson R. 3 (son), KINCAID, Lemuel (B) 28 (servant)
185. DAVIS, James 33, Mary 34, William 12, John H. 10, Nancy 8, Manker L. 5 (son), Meake 2 (son)
186. MALABEY, William 61 (T NC NC), Nancy 58 (T NC NC), Elizabeth 27, Jacob 23, Rufus 21, Cintha 19, George 15, Parley 12, James D. (Mu) 9 (g son), William F. (W) 5 (g son)
187. RUTHERFORD, Alfred 30, Rachel 25, James 1

Page 21, District 1

188. IRWIN, Nathaniel 40 (widower), Elizabeth 18, Andrew J. 15 (sore eyes), Henry R. 13, Margret H. 8, Harett M. 6
189. LETT, L. M. 29, Martha M. 26 (wife), Henry 5, Sarah E. 1/12
190. MOWREY, John 66, Susanah 65 (NC VA NC)
191. HUTSON, William R. 39 (T VA VA), Sarah 32, Mary A. 12, George W. 9, Sarah K. 6, Loucind I. 3, Andrew C. 4/12
192. IRWIN, M. F. 38, Mary M. 36 (wife), James 16, Thomas J. 12, Amrey M. 16 (dau), Sarah L. 9, Henry C. 3, David R. 4/12
193. FOUST, William 40, Sarah 28, Jacob 9, Emanul 7, Sylvester 3
194. LETT, Joseph 49 (T VA T), Sarah 40 (T VA VA), John R. 13, Avis M. 9 (son), Minney E. 5
195. ROBINS, Samuel 37, Sarah 37, Mary E. 15, Nancy L. 13, William 9, Louiza 7, Cintha A. 4, Sarah 2
196. SHOWN, A. W. 31, Nancy 29, Andrew J. 7, Sarah K. 6, Julia A. 1, Alvis S. 3 (son), John L. 1/30 (b. Jun)

Page 22, District 1

197. SHOWN, P. F. 35, Nancy M. 37 (wife) (T NC T), Mary E. 12, William M. 11, Martha A. 7, Webster 5, Florance M. 2
198. SHOWN, William 22, Noah A. 12 (bro), A. F. 11 (bro)
199. SHARP, Emey A. (B) 21 (f), Mary A. 22 (sis), Frank M. 2 (nepew), James Garfield 6/12 (nepew)
200. FOUST, George 34, Elizabeth J. 41 (wife), Leroy 13, Alvis F. 9 (son), Wiley W. 7, Mary O. 4
201. CHRISTIAN, Alvin 23 (T T NC), Mary 19, Docia A. 2, Leaner A. 2/12 (dau)
202. BRIDGES, Andrew 45, Purneva 42 (wife), Moris 21, Nancy E. 19, Martin L. 16, Locky E. 14
203. SANDERS, Eli 52 (T NC NC), Roseanner 42 (T KY T), Mary J. 17, Martha 15, Thomas 8, Parley 5, George W. 6/12 (b. Nov)
204. CRUTCHFIELD, Farom? 38, Docia Ann 19 (wife)

CAMPBELL COUNTY (8)

Page 22, District 1 (cont'd)

205. FOUST, Easter 61 (widow), Letty 35, Easter 28 (dau), Katharine 12 (g dau), John 8 (g son), Lena L. 8 (g dau), Pleasant 7 (g son), Mary E. 1 (g dau)
206. IRWIN, Francis 26, Sarah E. 21, Mossey C. 1 (dau), Nathaniel 75 (father), Elizabeth 66 (mother); PHILLIPS, Milton 17 (nepew)

Page 23, District 1

207. TURNER, Louis 44? (blacksmith), Martha J. 39 (T VA VA), William M. 19, Elija 17, Nancy J. 16, Harvy S. 11, Alvis O. 9 (son), Gibson 2
208. STOUT, Madison 49, Orpha 49, George M. 20, Nancy 15, James R. 13, Hetty J. 4 (g dau); PHILLIPS, John F. 5 (g son)
209. SMITH, I. J. 22, Louiza A. 22 (wife)
210. IRWIN, Rufus 29, Martha 25, Gibson 8, Robert L. 7, Salley A. 4
211. IRWIN, George 24, Parley 21, William 2, Louiza 1, Loucy 70 (mother)
212. COOPER, Eli 32, Louiza 26, Emily J. 3, Martha 1; McHONE, John 10 (stepson), Charley 7 (stepson)
213. FIRST?, Daniel 25, Angeline 28, Tilda 13, Liley 10, Jacob 1
214. IRWIN, Fredrick W. 29, Surelda 24, Mary F. 2
215. HANKINS, Sam (B) 91 (T VA VA), Elizabeth 65 (wife) (SC SC SC), Susan 30 (dau) (T VA SC), Nathan 45 (son) (T VA SC), Seth 21 (T VA SC); McKINNEY, Bob 30 (g son) (T T NC)

Page 24, District 1

216. McNEW, David 41, Sarah 29 (wife), America E. 11, James A. 8, Elisha T. 4, Mary M. 1
217. BROWN, William 27, Sarah 26, Allus 7 (dau), Hiley 6 (dau), Millerd 5, Carter 4, William H. 2, Thomas 1
218. BRIDGES, William H. 23, Katharine 24, Samuel D. 2, Leonord 10/12 (b. Jul); BLACK, Linda 17 (niece)
219. ROBINS, William 52, Sarah 46, Isaac 25, Loucy 23, Jane 21, Martha 19, Mary M. 17, Samuel 16, John 14, Alvis 12 (son), Nancy 11, Rachel 10, Louiza 8, Euins 6; CRAIG, Mary 64 (aunt) (consumption)
220. OAKS, M. F. 29 (retail merchant), Martha J. 29 (wife)
221. CHILDRESS, William 65, Jane 61, Nancy K. 27, Peter C. 25, James M. 24,
222. CANNON, William 60, Eliza 55, John 36, Mary 36, Sarah 31, Loucinda 26, Newton 24, Susan 21, Harvy 19, Nancy 17, Sherman 15, Reuben 13

Page 25, District 1

223. DEVANPORT, Stevan J. 54, Manda J. 30 (wife) (KY T KY), William B. 13 (KY), Joseph R. 10 (T), John E. 8, Eunisly? 5 (son), James M. 2, Alvis C. 4/12 (b. Feb) (son)
224. CRAIG, Alvis (m) 33, Reuben sr. 70 (father) (T NC NC), July 28 (sis), Reuben 23 (bro); THOMAS, Mary 21 (niece); WILSON, Alvis 1 (nepew)
225. FORD, Isaac 25, John C. 56 (father), James 23 (bro), Malinda 21 (sis), George W. 19 (bro) (teacher); BRIDGES, Martha J. 10 (servant)
226. THOMAS, James 47, Susan 40, Elisabeth 15, July E. 13, Ulius S. 11 (son), Sumerfied K. 9 (dau), Alvis C. 7 (son), Malinda A. 5, Susa B. 2 (dau)
227. DOSSETT, John 51 (T VA VA), Elizabeth 43, Hester A. 21, Elisha 25, David 19; McNEW, Elisha 69 (father) (T T VA)
228. HILL, Narvel 39, Orlena 38 (wife) (T VA T), Narvel 18, Sarah 14, Elizabeth 11
229. HILL, Kimel 51 (T NC NC), Nancy 30 (wife), Elvin 24 (son), Daniel 18, Sarah 16, William T. 14, Loucy A. 11, Grant 6, Amanda E. 1

CAMPBELL COUNTY (9)

Page 26, District 1

230. HEATHERLEY, James 65 (married) (KY KY T); WRIGHT, Elizabeth 30 (servant) (T VA T), Robin W. 4 (T KY T) (relationship omitted); WILSON, Wallace 14 (taken to rase) (T KY VA)
231. WILLIAMS, John 37, Martha E. 38, Margret 11, Henry 9, Emily J. 7, James P. 6/12 (b. Nov)
232. CAMPBELL, Cooper 28 (T VA T), Hannah 26, Loucinda A. 11, Eliza B. 9, Nancy L. 6, Henry 4, Joseph M. 2
233. HEATHERLEY, Thomas 24 (T KY T), Rebecca 25, Sarelda J. 5, Lilley E. 3, Hety A. 8/12, Elizabeth 64 (mother)

Page 1, District 2

1. RICHARDSON, F. 19, C. C. 21 (wife), W. H. 3/12 (b. Feb) (son)
2. RICHARDSON, A. F. 36, M. J. 33 (wife), E. 15 (dau), L. H. A. 12 (dau), N. E. 10 (dau), M. S. 5 (dau) (KY), M. 2 (dau) (T), Wm. 10 (nephew)
3. RICHARDSON, J. H. 41 (T VA T), Susan 35 (T VA T), E. 14 (dau), W. W. 13 (son), M. J. 11 (dau), M. 9 (dau), D. W. 7 (son), Geo. 6, Thomas 3, Jas. 1; WILHITE, Ples. 43 (cousin) (idiotic)
4. SANDERS, Tony (B) 71, Mary 30 (wife)
5. SMITH, Drew 27 (carpenter), Sarah E. 25, T. F. 4 (son), Martha 2, Geo. 3/12 (b. Feb)
6. RICHARDSON, D. 76 (miller) (VA __ __), Kyzee? 60 (wife), N. J. 16 (dau), N. L. 5 (g dau); COOPER, Sarah 18 (relationship omitted); SMITH, Joe 19 (stepson)
7. COOPER, Isaac 32, Kizzie 33 (wife) (T VA T), J. S. 8 (son), J. I.? 7 (son), Eli 4
8. GOOSE, E. D. 65 (T VA VA), Mary 65 (wife) (T VA VA); QUEENER, Mary J. 18 (servant)
9. GROSS, Abram 37, Delaney 37 (wife) (T __ T), Elizabeth 13 (KY), Jas. 9 (T), Russell 7, Edmund 4, M. K. 2 (son)

Page 2, District 2

10. TILLER, T. M. 49 (T VA VA), Kizzie 47 (wife), Amon 18 (son) (disabled back), Dora B. 11 (KY T T); GROSS, Mary 77 (mother in law) (divorced) (T VA VA); COOPER, Thomas 18
11. RIGGS, Edmond 62 (miller) (T VA VA), Elizabeth J. 52 (T VA VA), Francis 20, Martha A. 19
12. RIGGS, J. W. 31, Mary A. 30 (wife) (T NC NC), Wm. S. 6, F. M. 4 (son), Jas. R. 1
13. SHOWN, Juliet 41 (widow), Jane 16 (KY T T), Susan 13 (KY), W. 11 (son) (KY), Milton 8 (KY), Lathy 4 (dau) (T), Riley 2
14. ELKINS, David 24, Mary J. 21 (T T VA), Emily J. 3/12 (b. Feb)
15. GROSS, I. F. 29, Musey D. 21 (wife), Mary E. 3, Eliza 1
16. LINDSAY, Isaac 32 (carpenter), Martha 31, Elizabeth 12, E. F. 7 (son), M. A. 3 (dau), J. E. 1 (dau)
17. DABNEY, Prior 30, Rebecca 29, M. F. 7 (dau), Hettie C. 5, Orlenie 3, Mary J. 1; DOBSON, Howard 14 (stepson) (T KY T), Jas. F. 11 (stepson)(T KY T), David T. 9 (stepson) (T KY T)
18. COOPER, Richard 19, Elvira M. 19 (T NC T); ELKINS, Mariam 53 (mother in law) (divorced)
19. GOINS, Joseph 32, Susan 25, Mary E. 12, Martha J. 10, T. T. 6 (son), W. F. 5 (son), Joab C. 3, Selia 2

CAMPBELL COUNTY (10)

Page 3, District 2

20. KILBY, Wm. 31 (T NC T), Mary 24, John 6, Sleudy 5 (dau), Henry 2, James 1
21. LINDSAY, A. W. 61 (T VA VA), Selia 55 (wife) (T __ VA), A. W. 18 (g son),
    Juliet C. 15 (g dau), Eliza J. 11 (g dau)
22. LINDSAY, A. W. 37, Martha 36 (wife) (T VA T), Jas. H. 13, Isabelle J. 11,
    Elizabeth 9, Henry W. 7, John H. 5, Luke S. 3, C. T. 1 (son)
23. HUTSON, T. W. 30 (T VA T), Parley 20 (wife), Milton 2, Melcenia 1; COX, John
    P. 9
24. VINSANT, Richard 22, Eliza A. 22 (KY KY KY), J. W. 5 (son) (KY), M. J. 2
    (dau) (T)
25. HUTSON, Anthony 38 (makes boots & shoes) (T VA T), Eliza 39, David 19, Bitha
    A. 17, Jas. K. 14, Maggie 10, Lucinda 7, Chas. 5
26. ELKINS, J. W. 30 (T __ __), Mary A. 21 (wife) (T __ T), Mahuldah 3, Louisa
    10/12 (b. Jul)
27. LINDSAY, Barbara 43 (divorced), Thomas 20, Susan 15, Juliet E. 13, Andrew
    3/12

Page 4, District 2

28. FOUS, John 25, Penia 23 (T T VA), McPherson 9, Daniel E. 6, Elijah 4, Jas. M.
    2; BLACK, Lewitha 66 (mother in law) (NC NC NC)
29. BLACK, Nancey 34 (married), Jennie 20 (dau), M. E. 17 (dau)
30. HATMAKER, Geo. 36, Viney 35, Isaac 13, Thomas 12, Henry 9, M. E. 7 (dau),
    W. F. 5 (son), B. A. 1 (dau)
31. GAYLOR, Thomas 77 (VA NC SC), Susan 58 (wife) (T __ NC), Paul 30, Elijah 10;
    HARMON, Nancey 52 (sis in law) (divorced) (T __ NC)
32. REED, John W. 39 (T T NC), M. C. 38 (wife) (T T NC), M. A. 17 (dau), Willis
    R. 15, Thos. F. 13, Chas. R. 11, Selpha 9, Mary B. 8, Sarah J. 5,
    Mandy L. 2, Jno. C. 3/12 (b. Feb)
33. REED, Lewis 32 (T T NC), Nancy 27 (T NC T), Jas. F. 3, Sarah A. 1
34. STANSBERRY, Wm. 44 (carpenter) (T NC SC), Eliz. 37 (T T NC), Mary A. 18,
    Martha 16, Frances 13, W. F. 11, Lewis 9, David 7, Margaret 3, Eliza
    F. 1
35. MILLER, Michael 22 (T __ T), Sarah 25 (T __ T), Mary L. 2

Page 5, District 2

36. LINDSAY, C. S. 26, Nancey 29 (wife) (T __ T), Mary E. 6, Mary E. 4, J. S. 2
    (son), John 5/12 (b. Dec) (flux), W. C. 5/12 (b. Dec) (son) (flux)
37. SHARP, J. F. 46 (widower) (T T VA), Isaac 21, Sarah 16, Nancey 13, Eli 10,
    A. L. 6 (son), Lidia 4
38. PARKER, J. P. 46 (KY T T), Rahael [sic] 41 (wife), Jerdon 18, Martha J. 17,
    Elizabeth 14, Esther 8, Celety 72 (mother) (flux) (T SC SC)
39. PARKER, George 20 (T KY T), Jane 20
40. LOY, Henderson 57 (T T NC), Serilda 37 (wife), Philania 19, Pheba J. 16,
    George 13, Hiley 11 (dau), Martha A. 9, Linton 7, Jas. T. 5;
    DUCKWORTH, Elizabeth 15 (sis in law) (T __ T)
41. PERGAL, Frank 35 (Austria Austria Austria), Hazie 26 (wife), Mary H. 7,
    Elizabeth 5, Henderson 2
42. DISNEY, John 55, Sarah 55 (T SC VA), Samuel 18, Mary J. 15, Robert 14,
    Rufus 12, Chas. 27 (son)
43. MASSINGILL, Mat 45 (T SC T), Louisa 35 (wife) (T __ __), Wm. 14, Mary 12,
    Robert 9, John 7, Pharoah 5, Tennessee 3, Nancey 1; MILLER, Rufus 35
    (bro in law) (T __ __)

CAMPBELL COUNTY (11)

Page 6, District 2

44. STANFILL, James 22, Nancey 23, Wm. S. 7, Lewis M. 4, Cynthia 2
45. ANDREWS, Richard 74 (VA VA VA), Martha 68 (T VA VA), Richard 6 (g son)
46. FRITZ, L. J. 42, Becky 41 (wife) (T T VA), Ella V. 14 (KY), U. S. 12 (son) (KY), T. E. 10 (dau) (KY), Dolly 7 (T), Betty B. 4, Geo. F. 1
47. HARMON, J. M. 21 (works at sawmill), Nancy O. 15 (wife)
48. ANDREWS, R. A. 42 (works at sawmill) (T VA T), Martha 41 (T VA VA), J. T. 18 (son) (works at sawmill), Sarah 11, Bell 9, Jas. 6, Chas. 4, Ida 10/12 (b. Jul)
49. ADKINS, Betsy 55 (widow) (T VA VA), Sarah C. 24, Manurvia 19, Joseph 17
49. (not numbered, but obviously a separate family) JOHNSON, Samuel 23, Dialphia 24, Mary J. 5, Martha A. 1
50. GROSS, Amon 34 (T VA T), Elizabeth 31, Martha 14, Andrew 13, Thomas 11 (KY), Eli 9 (T), Mary 7, Jas. 5, Wm. 3, Sarah 11/12 (b. Jun); LINDSAY, Martha 74 (mother) (T __ T)

Page 7, District 2

51. SMITH, Wm. M. 29 (carpenter), Nancey 32, Kizzie 11 (dau), Isabelle 9, Thos. H. 6, Alice J. 5, Jas. 1
52. HUTSON, Isaac G. 26 (T VA T), Mary J. 24, Etty 4, George S. 2 (not named) 6/12 (b. Nov) (dau)
53. COOPER, W. P. 51 (T __ VA), Sarah 46 (wife) (T VA VA), Howard 14, Charlotte 11, Oliver 9, Mary D. 5
54. HUTSON, J. B. 58 (VA VA VA), Isabell 61 (wife) (T __ __), Elijah 19?, Martha 20 (dau in law); PINGLETON, John 9 (relationship omitted)
55. BAXTER, Hannah 40 (T __ __)
56. LOYD, Noah 30 (T __ __), Julia 26, Lewis 1
57. GERMAN, John 54 (T NC NC), Tildy 43
58. GOODMAN, Robert 22 (KY __ MO), Martha 23, Nancy 2, Henry 9/12 (b. Aug)
59. GAYLOR, Thomas 23 (T VA T), Sarah 23, Jessy 2, Appolona 1, Abijah 18 (bro)
60. COKER, J. A. 46 (GA GA GA), Phebia 30 (wife), Martha 13, Jas. A. 9, Wm. P. 7, J. H. 5 (son)
61. HOOKS, Geo. 50, Martha 40 (NC NC NC), Mary A. 12, Happy E. 11 (dau), Eliza 9, Geo. F. 4, Martha 1

Page 8, District 2

62. JOHNSON, John 24 (T KY KY), Lavina 22, Victoria 4
63. BROWN, Ellen 58 (married); HARMAN, Elizabeth 27 (dau); GARMAN, Arenia 16 (dau) (surname of last individual in household was crossed out on schedule)
64. BRANTON, Thos. 47 (NC NC NC), A. C. 39 (wife) (NC NC NC), B. Ellen 11 (NC), S. E. 9 (dau) (T), Florence 5, Alice 2
65. HUNTER, Eliza 36 (widow), James 14, Orlana 13 (James & Orlana were crossed out on schedule), Elizabeth 11, Lewis 3, Tennessee 1
66. HATMAKER, Jos. 36, M. J. 27 (wife), W. H. 10 (son), Jno. 1
67. HATMAKER, Jacob 96 (NC NC NC), Mary 56 (wife) (T __ __)
68. HATMAKER, N. 21 (T NC T), C. 20 (wife), Geo. 1
69. SHARP, Eli 65 (T NC NC), Sallie 65 (VA VA VA), Jacob 27
70. ANDREWS, W. W. 25 (T VA T), Susan 25 (wife) (T T VA), Josie 4/12 (f) (b. Feb)
71. SHARP, Pleasant 41 (T T VA), Mary J. 35 (T VA T), Wm. F. 15, Sarah A. 14, Martha E. 12, Jno. A. 7, Mary F. 4, Lilly D. V. 1
72. LOVELY, H. K. 23 (miller), Catherine 19 (T __ __), Robert 1
73. BURRIS, Pinkney 35 (T NC NC), Martha 29 (T __ __), M. D. 15 (son) (flux), Mary 92 (mother) (NC NC NC)

CAMPBELL COUNTY (12)

Page 9, District 2

74. BURRIS, Emily 45 (T NC NC), M. J. 15 (dau)
75. SHARP, John 50 (T NC NC), Emaline 45, Samuel 19, Nancey 17, Elijah 15, Emerson 13, Margaret E. 11, Lula C. 9, Ollie 6 (dau), Rufus 3, Lidia 2, Martin 3/12 (b. Feb)
76. GERMAN, Isaac 67 (NC NC NC), Dulceana 25 (wife), I. T. 6 (son), Jas. F. 1
77. HATMAKER, Isaac 27, Mary 39 (wife) (VA VA VA), Henry 10, M. J. 7 (dau), Wm. H. 5, S. U. 2 (son)
78. HATMAKER, J. F. 30, Mattie 32 (wife) (T NC T), Carter 3, (not named) 8/12 (b. Sep) (son)
79. WALLACE, Robert 39, Sarah 35, Martha J. 13, Millie 9, Jas. 7, Wm. H. 4, Susan E. 7/12 (b. Oct)
80. BROWN, Jas. 84 (T VA VA), Martha 75 (VA VA VA), Mary 50, Howard 45; PINGLETON, Sarah 12 (orphan)
81. SLOVER, Jas. 49, Sarah 47 (T T VA), Jas. M. 21, Mandy C. 19, Martha A. 17, Nancy 15, Mary J. 13, A. L. 10 (son), Eliza E. 8, Wm. C. 5

Page 10, District 2

82. CARVER, Mark 25 (T NC T), Telitha 25 (T __ T), Sarah E. 4/12 (b. Jan)
83. LOVELY, John 65 (T VA NC), Elizabeth 54 (T NC __)
84. LOVELY, Abner 21, Lucinda 18, Geo. W. 2, Jacob 4/12 (b. Jan)
85. HATMAKER, Wm. 49, Susan 47, Jas. M. 14, Wm. M. 10, Martha 7, Elijah 5, Emerson 2
86. PRATER, Henry 23 (T __ T), Mary E. 20, John 9/12 (b. Aug)
87. HATMAKER, D. 44, Penia 33 (wife), Mary 14 (sore eyes), Wm. 10, A. 9 (dau), S. F. 8 (dau), L. A. 4 (dau), N. 1 (dau)
88. SHARP, Wm. 25, M. J. 25 (wife), Jas. M. 4, N. B. 2 (dau), Wiley 3/12 (b. Feb)
89. MURRAY, Jno. P. 26, Mary A. 22, H. G. 3 (son), Nancy J. 1, Mary 70 (mother) (T __ __)
90. MURRAY, H. C. 30, M. J. 27 (wife), M. A. 10 (dau), Chas. 7, Sarah C. 6, Idenna 5, Sherman 2, Edmund 3/12 (b. Feb)
91. MURRAY, Lewis 38, Lydia 42 (T T SC), Barbara 21, Rufus 20, Lydia 16, Lottie 14, Lewis 13, Sam B. 12, S. E. E. 10 (dau), Jas. A. 8, Ruthie H. 5, Lucy H. 10/12 (b. Jul), Martha J. 10/12 (b. Jul)

Page 11, District 2

92. SHARP, Jacob 68 (T NC NC), Barbara 64 (T __ T); JONES, Sallie 41 (dau); PRATER, Ferrell 22 (m) (orphan) (T __ T)
93. SHARP, Frank 35 (crippled), Mary 35, J. W. 15 (son), Jacob 14, Elizabeth 11, Lucinda 10, Morris 8, Wm. R. 5, Mary A. 4, Eli 2, Barbara 1/12 (b. Apr)
94. SHARP, H. H. 39, Hannah 39 (wife), Jacob 6, Joseph 6, Nancy J. 4, Geo. W. 2, David 10/30 (b. May)
95. ROBINS, Jno. 64 (T __ VA), Elizabeth 63 (T NC __), Frank 21, Lotta 17, Elizabeth 84 (mother) (crippled) (VA VA VA); WILSON, Lotta J. 8 (g dau), Betsy Ann 3 (g dau); COOPER, Jo 20 (laborer)
96. SHARP, Alfred 62 (T __ __), Elizabeth 55 (T __ __), Wm. R. 24, S. R. 23 (son), Brice 21, C. C. 17 (son), Serilda A. 14 (diarhea)
97. RUTHERFORD, Rufus 28, Parlie 28, Calaway 6, Wm. 4, (not named) 11/30 (b. May) (son)

Page 12, District 2

98. COOPER, Thomas 26, Rebecca 19, Sarah 19/30 (b. May)
99. MELTON, Howard 44, Nancy 30 (wife), Malindy J. 11, Sarah E. 8, D. Catherine 6, John 4, Martha 1
100. COOPER, Jas. B. 22, Katie 24, H. L. 3 (son)
101. DAGLEY, John 66 (T __ __), Cynthia 52 (wife) (T MI T), John 22, Thomas 21, Wm. 20, Lydia 18, Franklin 16
102. COX, Henry 47 (T NC NC), Louisa 51, Wm. 21, Arina 20 (rheumatism), Ruthie 18, Sarah 16, Mary 14, Susan E. 11, Robert 8, Flemon 7, Eli 5
103. WILSON, Daniel E. 49 (T __ __), Eliza 50 (T NC NC)
104. ALBERT, J. H. 35 (physician) (PA PA Ger), Tempy J. 25 (wife), Sarah J. A. 10, Chas. D. 6, Tempy R. 3/12 (b. Mar)
105. WILSON, Geo. 32, Lindy 28 (wife), Jas. H. 6, Nancy A. 4, Milton 6/12 (b. Nov)
106. HUTSON, Reuben 36 (T VA VA), Emily J. 37, U. S. 18 (son), Anthony 16, Eli 14, S. L. 12 (son), Elizabeth 9, J. T. 7 (son), Dosey J. 7, J. H. 2 (son), Geo. 5/12 (b. Dec), Elizabeth 75 (mother) (VA __ __)

Page 13, District 2

107. JOHNSON, J. S. 30, L. E. 29 (wife), Sarah J. 11, Mary E. 9, M. D. 5 (dau), Wm. T. 2, Eliza H. 2/12 (b. Mar)
108. RICHMOND, Joel 60 (KY VA NC), Hulda 49 (wife) (T __ __), Sims 16 (KY), Emaline 12 (KY)
109. WILSON, Claiborn 35 (KY __ KY), Manervia 21 (wife) (T T KY), Franklin 8, Sallie 9/12 (b. Aug); SMITH, Hannah 39 (mother in law) (KY __ __)
110. WILSON, Alfred 38, Sarah J. 36, Elizabeth 15, John 13, Katie 9, Lottie 7, Moss S. 5 (dau), Jas. C. 3, Emily 1, Milton 18 (bro), Lucy 12 (sis)
111. WILSON, John 36, Wm. F. 9 (son)
112. WILSON, Wilburn 51 (T __ __), Sarah 52 (wife) (KY __ __), Lina 20 (son) (KY __ KY), Nancey 18 (scrofula) (KY __ KY), Geo. 13 (KY __ KY), Mandy 11 (sore foot) (T __ KY), Elizabeth 8 (T __ KY), Rachiel 8 (T __ KY)
113. WILSON, James R. 36 (KY __ __), Nellie 36
114. WILSON, Elvin 25 (KY __ __), Lurany 21, Emaline 1/12 (b. Apr)
115. HATMAKER, Jos. 80 (NC __ __), Sallie 80 (NC NC NC), Betsy 45, McH. 40, Thomas 45 (son in law), Eliza 35, Israel 2 (g son), Susan 1 (g dau), (no name) 1/12 (b. Apr) (g dau); COX, Silmour 23 (m) (relationship omitted); CARVER, John 25 (g uncle) (insane); HATMAKER, H. 15 (g dau); WALKER, Susan 17 (not related)

Page 14, District 2

116. WELCH, Levi I. 26 (VA VA __), Sarah W. 25 (T __ __), Mary E. 6
117. COOPER, Alvis 66, Mary 66 (insane) (T VA VA)
118. PENNY, Geo. 55 (T NC NC), Mary 50 (SC NC SC); ROLIN, Lafayette 17 (step son) (T __ SC), Mansfield 13 (stepson) (T __ SC); PENNY, Susie 2 (dau) (T __ SC)
119. BULLOCK, Burton 37, Barbara 34, Frank 14, Elizabeth 12, Jacob 10, John 6, Amon 3, Cindy 7/12 (b. Oct) (diareeah)
120. HATMAKER, Jacob 35, N. J. 38 (wife), Allen 13, J. S. 10 (son), M. 7 (son), Arminda 5, M. K. 3 (dau), (no name) 1/12 (b. Apr) (dau)
121. BURTON, Etna J. (f) 44 (T T VA), Manerva 21 (dau), Emaline 11, Sarah 7, Mary F. 5 (crippled)
122. WALLACE, Manda 37 (widow) (T NC T), Henry 12, Jacob 4
123. SHARP, John 60 (T NC NC), Mary 33 (wife) (T __ T), Chas. 5, Jno. L. 3, Geo. W. 1

CAMPBELL COUNTY (14)

Page 15, District 2

124. HATMAKER, Joseph 26 (T __ __), Millie 33 (wife), L. W. 13 (son), A. C. 11 (son), J. H. W. 7 (son), (no name) 2 (son), (no name) 1 (dau)
125. HATMAKER, Lacy 47 (T NC T), Barb 35 (wife), S. 17 (son), M. J. 15 (dau), Sarah 9, Bettie 7, Carlie 2 (dau); GAYLOR, Betsy 40 (no relation) (T __ T), Sherman 2 (no relation) (T __ T)
126. HATMAKER, Jas. 62 (T NC NC), Sophia 48 (wife), Cornelius 21, Thos. 10, Henry 16, Nelson 13, Milton 12, Peter 8; GERMAN, Eli 14 (laborer)
127. HATMAKER, L. 30, M. A. 25 (wife), W. F. 5 (son), Chas. 4, Lindy 3 (dau), Sam 8/12 (b. Sep)
128. HATMAKER, Geo. 77 (widower) (T NC NC), Henry 24, Martha 24 (dau in law) (T NC T), H. A. 4 (g dau), Silas 2 (g son), J. T. 3/12 (b. Feb) (g son)
129. HATMAKER, Cal 28, B. A. 28 (wife), A. T. 5 (son), L. J. 3 (dau), J. 1 (son)
130. SHARP, Cal 40, Sarah 42, Wm. P. 19, Eli 18, Geo. W. 16, Milton 13, Aaron 12, J. J. 9 (son), M. J. 7 (dau), Lewis 2, (no name) 2/12 (b. Mar) (son)

Page 16, District 2

131. HATMAKER, Sarah 48 (widow), Lewis 17
132. HATMAKER, Jno. 19, Mary E. 17, R. E. 9/12 (b. Aug) (son)
133. HATMAKER, Cornelius 45 (T NC NC), Elizabeth 38, Barbara 20, Sarah 17, Martha 16, Russ 14, Jos. 12, Jacob 11, Mark 2, Silas 26 (boarder) (stays in grocery); SHARP, Geo. 25 (boarder) (stays in grocery)
134. HATMAKER, Jno. 48 (T NC NC), N. C. 46 (wife), E. J. 20 (dau), B. A. 18 (dau), Emily 14, Frank 16, Jas. 12, Ellie 6, Silas 3, Amon 5, Florence 9/12 (b. Aug)
135. HATMAKER, Jacob 44 (T NC NC), Barb 43, Malone 19, Verculia 16 (dau), Milley 15, J. A. 12 (dau), S. 10 (son), Kizzie 7 (dau), Suffey 4 (dau), Lucy 1
136. WALKER, Lafayette 51 (widower)
131. STOKES, Jane 20 (T __ __) [number out of order; this individual may belong in family 131 above]
137. HATMAKER, Wm. 85 (NC NC NC), Levina 58 (wife) (NC NC NC), Matthew 18, Thomas 11 (adopted son)
138. COX, Jno. 28, Nancy C. 29, J. D. A. 10 (son), Isabell 7, Lillan 6, Sarah E. 3

Page 17, District 2

139. SHARP, W. P. 22, S. J. 23 (wife), Julia A. 2, J. W. 4/12 (b. Jan) (son); CRAVENS, Abbie 45 (mother in law)
140. MURRAY, Jacob 40, Catherine 41, Geo. L. 18, A. B. 13 (son), Marey 12, Sarah 10, J. P. 6 (son), Kitty 2, Kizzie 5/12 (b. Dec) (dau)
141. SHARP, Jas. 29, Barbara 34 (T __ T), Josaphine 4, Jacob 3, Sarah 1
142. HARMON, Manual 21 (T NC T), A. E. 16 (wife), Hiram 70 (father) (blind) (NC NC NC), Becky 60 (mother) (T __ __), Lanard 19 (bro) (T NC T)
143. SHARP, Henry 32, Jane 30, J. F. 10 (son), Wm. 7, Martha 4, Cindy 1
144. COOPER, Peter 32 (T __ VA), Nellie 43 (wife), Josaphine 14, S. J. 10 (dau), Jacob 3, Wm. 40 (bro in law), Mary 30 (sis in law)
145. COOPER, Addie 55 (widow) (VA __ __), Jas. 21, Jno. 18; ROACH, Wm. 29 (son in law), Beckie 27 (dau), James 6 (g son), Parasidia 3 (g dau), Silas 1 (g son)
146. BROWN, F. L. 35 (T T VA), Mary 34, Howard 15, Samuel 13, Nancy E. 11, Martha 8, J. H. 6 (son), Rutha A. 3, Geo. T. 9/12 (b. Aug)

Page 18, District 2

147. MADDEN, Robert 44 (T NC T), Tempy 45 (T NC NC), Matilda 21, Jane 18, Fannie 15, Jno.? 13; MOSSEY, Minnie 4 (orphan); MADDEN, Wm. 20 (son), Sarah 17 (dau in law) (T __ T)
148. McNALEY, Rufus 34 (T __ __), Mary 23 (wife), S. J. 4 (dau), K. C. 1 (dau)
149. WILHITE, Joseph 28, Dicy 38 (wife), Jas. 19 (stepson), J. J. 5 (son), Sarah A. 3, Jos. 1
150. STOUT, Barbara 51 (widow) (T T NC), S. E. 20 (dau), Seraphine 18 (dau), J. A. 15 (dau)
151. MUSGROVE, J. C. 32, E. E. 32 (wife), E. B. E. 10 (dau), Wm. C. 7 (son), M. F. 4 (son)
152. TILLER, J. B. 23, Louisa 24 (wife), Henry 1
153. RICHARDSON, T. B. 30 (T __ __), A. E. 28 (wife), Bettie 6, Geo. 4, S. I. 2 (dau), H. A. 6/12 (b. Nov) (dau)

Page 19, District 2

155. TILLER, H. C. 51 (miller) (T VA NC), Elizabeth 37 (wife) (T T SC), Joseph 19, Martha 17 (dau in law) (married within yr)
156. WILSON, G. W. 44 (cancer), Mary 39 (wife), Lewis 15, Martha 10, Jane 2
157. WILSON, James 26 (KY T KY), M. J. 36 (wife), Lindsay 8, Jno. J. 5; BASHARES, Lindsay 31 (laborer)
158. WILSON, Geo. 35, B. A. 39 (wife), S. E. 13 (dau) (IN), Isaac 11 (IN), M. J. 7 (dau) (IN), Wm. E. 5 (T), F. M. 1 (son)
159. KEITH, Nancy 98 (widow) (NC __ VA); BASHARES, Elizabeth 48 (dau) (T SC NC), LANE, Sarah 53 (dau) (T SC NC), Martha 14 (g dau), Joseph 12 (g son)
160. BOND, Allen 30 (AR __ __), Sarah 30 (KY __ __), Nancy M. 12 (KY), Alice A. 5 (KY), Mary J. 3 (KY), Geo. 3/12 (b. Feb) (T)
161. TILLER, W. F. 25, C. L. 25 (wife)
162. RICHARDSON, J. F. 28 (T T SC), Martha 21 (wife), H. H. 4 (dau), S. E. 2 (dau), (not named) 1/12 (b. Apr) (dau), Millie 66 (mother) (SC __ __)
163. WILSON, W. C. 36, Louisa 34 (wife) (T NC T), Isaac L. 4, Martha J. 2
164. WILSON, Lindsey 67 (T NC VA), Mary 66 (T VA SC), Clara 33, Franklin 12 (g son) (T __ T), Johnson 18 (g son)

Page 20, District 2

165. WILSON, Elbert H. 31, Nancy 34 (T NC T), Wm. 10, Elizabeth 8, Margaret 7, Geo. 4
166. SMITH, Wm. 45 (KY NC T), Barbara 38, Elijah 18 (KY KY KY), Mary J. 11 (T KY T), Russell 7 (T KY T)
167. MASSINGILL, Henry 24 (T KY T), Mary 20 (T __ T), S. P. 2 (dau)
168. LAWSON, John 73 (T __ __), Nancey 72 (T T __), Daniel 12 (g son), John 10 (g son), Leah 7 (g dau); DAY, SErilda 43 (dau), Jerry 19 (g son)
169. WOODWARD, Wm. N. 58 (NC NC NC), Leah 56
170. WOODWARD, C. M. 19 (T NC T), Lucy 21 (wife), Ollie J. 8/12 (b. Sep) (dau)
171. BOSHARES, W. H. 28, Hulda 29 (wife), Martha E. 2 (diarhea), Lindy 60 (mother in law) (blind) (T __ __)
172. WILSON, Alex 43 (blacksmith), Nancy J. 27 (wife), Peba 6 (dau), Sarah 4
173. TIDWELL, Geo. 40, Sarah 3]; BOSHARES, Elizabeth 7 (step dau) (T __ T)
174. WILSON, Jerry 42, Parasidia 39, Levi 13 (KY); BOSHARES, Catharine 14 (dau) (KY); LAWSON, Margaret 17 (dau) (KY), Catherine 4/12 (b. Jan) (g dau), Maynard 21 (son in law)
175. WILSON, Levi 64 (T SC T), Eliza 63 (T __ __); SPRADLING, Lurany 35 (dau), Patten 17 (g son) (KY KY T), Mary 8 (g dau) (KY KY T), Tildy 6 (g dau) (KY KY T)

CAMPBELL COUNTY (16)

Page 21, District 2

176. GRAY, T. B. 25, Sarah E. 24 (wife), Oscar 10/12 (b. Jul), Hannah 49 (mother), Sarah E. 20 (sis), Kizzie 18 (sis), Wm. R. 8 (nephew)
177. WILSON, Peterson 45, Mary 44, Johnson 18, Squire 16, Henry 13, Mary 10, Russell 10, H. A. 7 (dau); ADKINS, Wash. 35 (cousin)
178. WILSON, Sarah 50 (T __ __), Mary Ann 25 (dau) (KY T T), Florenza 15 (dau) (KY), NUNN, Sarah 3 (g dau) (KY __ KY)
179. MOSER, Jacob 50 (gunsmith) (T NC NC), Eliza 50, Elizabeth 21, Martha 19, Amon 16, Barbara 13 (white swelling), Anna 9, Geo. 4
180. COOPER, Jas. 26, Emaline 24, Elizabeth 3, Kelly 5/12 (b. Dec), Andrew 24 (bro)
181. COOPER, Eli 56, Elizabeth 47, Amon 21, Winnie 20, Henry 17, Jane 13
182. TILLER, A. G. 23, Kizzie 22 (wife) (T VA T), Ettie B. 3
183. RICHARDSON, W. W. 40 (T VA T), M. A. 38 (wife), W. J. 18 (son), Elizabeth 14, N. J. 12 (dau), M. A. 10 (dau), F. T. 8 (dau), Sallie 5, J. F. 3 (son), J. S. 1 (son)

Page 22, District 2

184. RICHARDSON, Hiram 27, Nancy 22
185. GROSS, Amon 41 (toothache), Adaline 40, E. D. 21 (son), M. K. 19 (son), Mary L. 16 (KY), J. C. 13 (son) (KY), C. C. B. 10 (son) (KY), Tennessee 7 (KY)
15. HUNLEY, Parlin 18 (half-bro) [apparently an addition to family 15 this civil dist.]
20. SHOWN, J. W. 20 (m) (no relationship shown) [apparently an addition to family 20 this civil dist.]

Page 1, District 3

1. ADKINS, A. T. 50, Emaline 46 (wife), Milton K. 23, Alice D. 2], Richard 19, Grant 15, Joseph R. 12, Melinda J. 10, Massie A. 5 (dau), Lincoln K. 1
2. WOOD, Harrison 62, Rebecca 55, Elizabeth 21, Catharine 17, Eliza 14, Lena 12; KESTERSON, Henry 27 (relationship omitted)
3. GROSS, Andrew 32, Mary 29, Martha 8, Julia A. 10, Archie 4, Sallie A. 9/30
4. HATMAKER, Wm. 51, Martha 50, Ellen 20, Howard W. 15, John 13, Catharine 10, Charles E. 7
5. WOLTERSDROFF, Henry 46 (Holland Holland Holland), Frances 40 (NC NC NC), John 19, Augustia 17, William 15, Mollie 13, Emma 11, James 6, Annie 7/12 (b. Oct)
6. DISNEY, Elisha 45, Nancy 47, Jane 22, Jackson 20, Martin 18, Sarah 14, Kelly 12, Samuel 10, Robert 8, Catharine 6, Rachiel 4

Page 2, District 3

7. TEASTER, Nathan 57 (NC NC NC), Louisa 37 (wife) (NC NC NC), Joseph 18, Rebecca 15, Mary 13, Deane 11 (dau), Cattie 9 (dau), John 7
8. WHITECOTTON, Wm. (B) (widower) (KY KY KY) 50, Wm. C. 16 (T KY KY), Mollie 12 (KY), Eliza 8 (KY), James 6 (KY), John 18 (bro)(KY KY KY); WILSON, Mary 41 (relationship omitted) (KY KY KY)
9. EVANS, Calvin 58 (RR laborer), Sallie 35 (widow) (T NC NC), William 11, Mary 13, Nancy 8, Ollie 6 (dau), Mindie 3, Johnnie 9/12 (b. Sep)
10. McGEE, John P. 31, Bethana 28, Hannah 9, Judah 7 (dau), Charles 6, Isaac 4, Mary 1
11. QUEENER, Barbera 37 (widow)
12. COLE, John 63 (VA VA VA), Mary 37 (wife) (VA VA VA)
13. MURRAY, Robert 35 (carpenter), Nicie 28, Emma 9, Nannie 7, Melvina 4; KESTERSON, Carter 26 (bro in law)
14. JOHNSON, Rau.? M. 31, Elizabeth 24, Winston 7, William 5, Franklin 3, Cordelia 1

CAMPBELL COUNTY (17)

Page 2, District 3 (cont'd)

15. QUEENER, Jordan 56, Dora 43 (wife), Lucinda 23, Thomas 22, Julia 17, Sarah 15, John 13, Archie 11, Calvin 9, William 5, Robert 1

Page 3, District 3

16. HATMAKER, Dan. 52, Martha 44 (T NC NC), Eliza 22, Sarah 20, Thomas 18, Mary 16, William 12, Martha 10, Nancy 7, Daniel 1
17. LOOLEY, David 30, Margret 29, H. Wiley 7, James 5, George 3, Julia 1/12 (b. Apr)
18. WEBB, Chas. P. 31, Ellen 34, Martha 12, Margret 10, Lanie 7 (dau), Sarah E. 6, Venie 2 (dau), Esther 3, Lucinda 1
19. STOKES, Henry 22, Mary 21, Nancy 50 (mother) (T NC NC)
20. DABNEY, G. B. (m) 32, Lucy A. 26 (sis), Bitha 22 (sis) (divorced), William 18 (bro)
21. KESTERSON, John 62 (VA VA VA), Sarah 40 (wife), Elizabeth 14, Calvin 7, Edward 4; SWEETON, Rebecca 50 (sis in law) (divorced)
22. McGEE, John C. 31, Hannah 27, James 9, Manervia 7, Ellen 4, M. Luther 7/12 (b. Dec)

Page 4, District 3

23. DICKSON, Rockus 22 (AL AL AL), Edward 19 (bro) (AL AL AL), Robert 13 (bro) (AL AL AL); KALLOON, Hiram (B) 22 (servant) (AL AL AL)
24. WHITE, Ewel 33, Sarah 22 (wife) (NC NC NC), Ader 3 (dau), Lauria 2, Charles 3/12 (b. Mar)
25. LOOLEY, Charles 63 (widower), Mary J. 2] (IL T T), Doce 18 (dau) (IL), Joseph 18 (IL)
26. WOODS, Andrew 72 (T T SC), Darcos 75 (wife) (T T KY), Andy 30
27. SMIDDY, Jas. F. 34, Pop 32 (wife), Mark 9, Darcos 7 (dau), Ellen 5, Edward 2
28. MASSIONGAL, G. W. 47, Elizabeth 40 (wife), William 10, Melsaluma? 9 (dau), John J. 6, Proella 4 (dau), Idella 4, Cordelia 2
29. LOVLEY, Henry 32, Elizabeth 28
30. RIGGS, Thos. 45, Louisa 43, Elias M. 20, Lucy A. 17, William 14, Sarah 11, Martha 8, Grant 4, Alice 1
31. WEBB, Lucy 64 (widow) (T VA VA), Eliza 25 (niece); MORGAN, Kate 22
32. WEBB, Elias 45, Mary E. 37, George 18, Louisa 15, Kelly 13, Florence 10, Minnie 7, Sarah 3

Page 5, District 3

33. LUALLEN, Sarah 50 (widow), Richard 25, Oma 17 (dau), Arminda 14, William 12, Calvin 10
34. PIERCE, Ruben 23, Harret 26, Mary 2
35. ADKINS, George 27, Mary 18, Robert 1; BROOKS, Jane 39 (mother), Cattie 14 (dau)
36. REYNOLDS, Quince 52, Hannah 49 (T NC T), Melinda 18, Andrew 16, Franklin 14, Aaron 13, William 10; BULLOCK, Elisabeth 85 (mother) (NC NC NC)
37. DABNEY, Melinda 55 (widow) (T VA VA), George 37, Kate 22, Sarah 20, Mary E. 13, William 12, James J. 10, Abner T. 9, Washington 7
38. ADKINS, John T. 39, Jane 40, Alice 9, Charley 7, Emer 5 (dau), Artie 3 (dau) (blind)
39. DABNEY, Spenc 35 (cabinet workma--sic), Vina 25, Mindie 8
40. GOODMAN, Jim 19, Sarah 18, Ellie 2, Calley 8/12 (b. Sep) (dau)
41. SHARP, Jo. A. 42, Caroline 42, William 22, Dianees 20 (son), Robert 17, James 15, Nicolas 12, Alice 10, Minnie 7, Lenard 4

CAMPBELL COUNTY (18)

Page 6, District 3

42. COKER, Thomas 53, Martha 48, Sarah 19, Talitha 18
43. BEACH, William 33 (T NC T), Rebecca 33, John 13, Hough 11, Henry 8, Armelda 3, Robert 2, George 22 (bro)
44. GAYLOR, William 28, Martha 25, Charles 6, Apalona 4, Sterling 3, Tennie 3/12 (b. Mar), BURRIS, Matthew 19 (relationship omitted)
45. DEW, Davis 42, Nancy 47, Sarelda 13, Lucy 10
46. WEBB, Belle 23, Anna E. 3/12 (b. Mar) (dau)
47. WEBB, John 55, Martha 55, Mark 17, Jessie 11, HARREL, Betsy 79 (mother in law) (VA VA VA)
48. ADKINS, Lewis 56, Susan 53, Sherman 12
49. HARMON, Clara 56 (widow), Abraham 15, Madison 13, Hannah 10
50. ADKINS, Milton 22, Lucinda 22, William 4, Robert 2
51. AULT, Sallie 77 (widow) (VA VA VA), Sarah Ann 38 (T VA VA), HODGE, Thomas 2 (relationship omitted)

Page 7, District 3

52. MURRAY, Wm. 60 (T T Wales), Sallie 41 (wife), James 22, William 15, Barbera 13, Hattie 11, Sarah 8
53. SHARP, William 20, Annie 26 (wife)
54. GARNER, John 49, Margret 52, Nancy 22, Pleasant 21, William 19, Jane 14, Charles 10
55. RICH, Henry 71 (NC VA VA), Mary 59 (wife), William 24, James 7 (g son), Vilana 3 (g dau)
56. McGLOTHLIN, C. R. 78 (VA VA VA), Sallie 73 (VA VA VA)
57. REED, Frances (Mu) 62 (divorced) (NC NC NC), Eliza 34 (T T NC), Elizabeth 4 (g dau), Florence 1 (g dau), DAVIS, John (B) 37 (boarder)
58. MILLER, Alex 31 (T VA T), Emly 31, Samuel 10, Sarah 8, John 6, Eliza 4, Laura 1
59. WEBB, John jr. 22, Emma 22, Ebbert 2, Annie 1, REYNOLDS, Mary C. 24
60. HULLET, Sarah 66 (widow) (NC Ire Fr), Ellen 38? (T T NC)
61. COLE, John P. 57 (T NC Ire), Hannah 46 (wife), Franklin 14, George 12, Mary 9, Charles 6
62. WOOD, James 39, Mary J. 37, William H. 10, Huldy J. 9, Margret E. 8, Charles B. 7, Martin L. 4, Martha L. 8/12 (b. Aug)

Page 8, District 3

63. DUNKIN, C. T. 46, Sallie 51 (wife), Lavena 23, Martha A. 19, Maggie 14, Madison 9, HOLIWAY, Eliza 60 (widow--visitor), Melvina 13 (g dau--visitor)
64. DUNKIN, Z. T. 21, Mary E. 16 (wife), Coria B. 3/12 (b. Apr)
65. GAYLOR, William 47 (T VA T), Sarah E. 42 (T VA T), Thomas 13, Charles 10, Arval 5, Edward 1
66. ELKINS, James P. 38 (VA NC NC), Hannah 42, Sarah 19, Martha 17, Nancy 16, George 15, Mary S. 13, Charles 12, Edomea 9, William 3, Mahulda 3, Robert L. 1
67. MYRATT, Elkins 52 (widower) (NC NC NC)
68. CHADWICK, Jos. 32 (NC NC GA), Elisabeth 26 (T VA VA), James E. 10 (T VA T), Florence 8 (T VA T), Metilda 4 (T VA T), Joseph 2 (T VA T), Richard 7/12 (b. Jan) (T VA T)
69. JOHNSON, Ahas 65, Eliza J. 65 (wife), COX, Palina 20 (relationship omitted), Caswell 17 (relationship omitted)
70. JOHNSON, A. D. 23, Susan 20 (wife), Marioum 10/12 (b. Aug) (dau)

CAMPBELL COUNTY (19)

Page 9, District 3

71. JOHNSON, Thomas 20, Sarah A. 18 (T VA T)
72. JOHNSON, Ben 33, Catharine 31, Melinda J. 15 (dau), James 13, William 11,
    John E. 9, Martin 7, Anliza 6/12 (b. Dec)
73. LINDSAY, Wm. jr 32, Pollie A. 31, James 10, Jonithan 7, Archie 5, Burnsides 3,
    Luckie 3/12 (son), HARMON, Mat 15 (f) (relationship omitted)
74. RIGGS, Elias 69 (T MD T), Rodah 69 (NC NC NC), Elisabeth 31
75. LINDSAY, Archie 25, Louiza 22, Sarah E. 1, William 6/12 (b. Dec)
76. LINDSAY, Wm. 60 (T VA KY), Mahulda 61 (T VA VA), Mary J. 18 (g dau), Thomas
    20 (relationship omitted), Jos. C. 16 (son)
77. PALL, Squire 42, Angeline 43, James 14, John 12, Arch 11, Mary J. 9, Henry 3,
    George 7
78. WILSON, Thomas 36, Mary L. 32, John M. 11, Vina C. 9, Sarah E. 8, Mary C.
    6, Edomea 3, William 1
79. CATES, Greenberry 72, Eliza 55 (wife), Jane 26, William 8 (g son)

Page 10, District 3

80. McGLOTHLIN, Enis 64, Eliza 66, Nancy 30, Mary 22, Katie 21, Manerva 16
81. McGLOTHLIN, Thomas 21, Julia 18
82. GOINS, Marthy 58 (widow), Annie C. 25, Thomas 22 (logging), Anderson 10 (g
    son), Florence 6 (g dau)
83. NANCE, Alen 32, Pollie 38 (wife), William 19, Julia A. 17, Archie 15, Sarah
    E. 13, Well 11 (son), Alice 9, Lucinda 3, CHAPMAN, Thos. 83 (relation-
    ship omitted) (VA VA VA)
84. LINDSAY, Alen 28, Jane 27, Webster 8, Mary 7, Dosa 3, Thomas 2/12 (b. Jun)
85. COOPER, M. S. 45, Magret 48 (wife), W. Henderson 21, Jos. A. 15, Melinda
    13, Elisabeth 10, James M. 8, Sterling 5
86. LINDSAY, Isacc T. 22, Nancy 28 (wife), William B. 8 (stepson), Elijah 5
    (stepson), Mary 2 (dau), James H. 2/12 (b. Mar) (son)
87. KINCAID, Robt. (B) 38, Scilla 35 (looks like 85 on schedule, but interpreted
    as 35), Charles 12 (son), May L. 14, Jane 56 (mother in law), DAVIS,
    Wm. (Mu) 49 (relationship omitted) (divorced), ELKINS, Sallie (W) 71
    (relationship omitted) (NC NC NC)

Page 11, District 3

88. ASYLUM OF POOR. HUTSON, Eura 52 (widow) (keeper of poor), THOMPSON, Eura 20
    (servant), Laura 2/12 (b. Mar) (dau), MOW, James 14 (servant), HAGGARD,
    James 79 (pauper), Jane 71 (pauper), LAY, William 85 (pauper), MILLER,
    Franklin 48 (pauper) (blind), RUSS, Betsy 80 (pauper), SUTTLES, Jackson
    78 (pauper), MOW, Barsha (f) 11 (pauper) (blind--deaf & dumb--idiotic),
    KINCAID, Vain (B) 80 (pauper)
89. GOINS, William 50, Elisabeth 34 (wife), Henry 18, Anderson 16, James 12,
    George 10, Robert 9, Mary F. 6, Louvenia 2, WALKER, Disa (f) 60 (rela-
    tionship omitted)
90. GOINS, Annie 33, Addie B. 5 (dau), Sarah E. 1 (dau)
91. BROILS, James L. 24, Lyddia 23 (T VA T)
92. LOVELEY, Carter 60 (VA VA NC), Nancy 58 (T VA VA), Jane S. 21, Isaac 18
93. McGLOTHLIN, James 46, Rodah 48 (T MD NC), HENDRICKS, Allen 60 (boarding)
    (crippled) (T NC NC)
94. GOODMAN, Albert 19, Mary J. 17 (wife), DAVID, Julia A. 2 (relationship omitted)
95. SHETTERLY, Columbus 53, Sarah 44 (T NC T), James A. 10, Edgar 10, William
    8, EVANS, Isaac 20 (stepson)
96. STOKES, Wm. M. 50 (widower) (NC NC NC), E. M. 18 (son) (MO NC MO), Mollie
    L. 16 (MO), Leanner P. 66 (mother) (NC NC NC), MILLER, Martha 25
    (divorced) (servant)

CAMPBELL COUNTY (20)

Page 12, District 3

97. STOKES, Wm. S. 24, A. Belle 23, Hugh M. 3/12 (b. Mar)
98. RIGGS, Edmon 35, Eliza L. 33, William 12, Rachel 10, Mary 8, Margret 6, Rodah 4, Ruth 2
99. GOODMAN, John 54 (T VA VA), Margret 45 (T VA T), Mary A. 22 (T VA T), William 13 (T VA T), James 11 (T VA T), James 11 (T VA T), John 4 (T VA T)
100. MILLER, Charles 51 (miner) (NC NC NC), Myria 53 (T NC NC)
101. HILL, Nettie 32 (divorced), Adilade 7, Adaline 3, Thomas 1
102. HAMBLETON, James (B) 40 (SC SC SC), Harret 35 (NC NC NC), George 14 (son) (NC NC NC), Emanuel 13 (NC NC NC), John 10 (NC NC NC), James 10 (NC NC NC), Samuel 9 (NC NC NC), Littlebery 8 (T T NC), Wm. Mc. 6 (T NC NC), Mary E. 4 (T NC NC), Lillie D. 5 (T NC NC), Martha 3 (T NC NC), Joda (m) 1 (T NC NC)
103. HAMONS, Wm. 21, Jane 25, Edward 5, Laurie 3/12, Tilda 47 (mother) (divorced), Sureptie 13 (sis)
104. BONHAM, J. S. 55 (T VA VA), Elisabeth 53 (wife), James B. 26 (lawyer), Samuel H. 20, Eva 15, Albert W. 11, STEENBURG, David 28 (carpenter) (NY NY NY)

Page 13, District 3

105. MURRAY, George 48, Mary A. 48, Melia A. 23, Marcillas 21, William 19, Mauda 17, Joseph 17, Arvil 15, Milton 13, Henry R. 9
106. MAPLES, James F. 38, Matilda 34, NOTHERN, Melinda 28 (relationship omitted)
107. RAINS, Eli 77 (widower), Julett 28, Florence B. 2 (g dau)
108. RAINS, Thomas 47, Mary 34 (wife), Horace M. 21, Nancy 17, David 13, Dosa J. 10, Zorada 6, Mollie A. 1
109. RAINS, Caswell 37, Mary E. 22 (wife), William 18 (son), Charles R. 14 (son), Thomas 12, Sarah F. 4, David E. 2, Herbert 6/12
110. HARRIS, John 36, Clarke 21 (wife), William N. 14 (son), Mary 12 (dau), James N. 9, Edward 7, Alice 2
190. (should be 111) TUTTLE, Joseph M. 38, Mary 28 (wife), Lurenia 11 (dau), Marlena 9, William 5, David 3, Franklin 1, JAMES, Chas. 10 (stepson) (T VA T)

Page 14, District 14

111. PHILLIPS, Thos. 25 (fever), Susie 35 (wife), Clara 1, DARITY, Wm. 16 (stepson), Thomas 14 (stepson), Cresa 12 (stepdau), Bithana 10 (stepdau), Sallie 8 (stepdau), Martha 6 (stepdau), Peggie 4 (stepdau)
112. MARLOW, Powel 29, Sallie 29, Susie 9, Ewel 7, Fania 5, Alex 3 WHITE, Hannah 65 (g mother)
113. CARROLL, Bird 44, Betsy J. 46, Andy 20 (consumption), Mary 14, Sabray 11, Joseph 9, Susan 7, Lucrecia 3
114. WILSON, Jonithan 28, Sarah 27, Vina 6, Sabray 4, Elizabeth 3, Martin L. 2
115. WILSON, James 27, Vina 24, Margret 5, Sallie 3, William 3/12 (b. Mar)
116. McGEE, Alex jr 23, Louisa 22, Joseph 4, Richard 2, Bird 9/12 (b. Sep) (son)
117. HATMAKER, John 47, Polina 37 (wife), J. Wesley 15, Mary 13, Mynatt 11 (son), Henry 9, Lindsay 7, Melinda 5, William 3, Madison 1/12 (b. May)

Page 15, District 14

118. MARLOW, Thos. 44, Melia A. 44 (wife), Maynard 15, Peggie 12, Sallie 10, Betsy 7, Susie Jane 4, Michael 6/12 (b. Dec)
119. MARLOW, Wm. 24, Clara 20, Thomas 1/12 (b. May)
120. McGEE, James 52, Mary 52, Thomas 20, Margret 17, James Mc. 15, Melinda 13, Howard W. 10
121. WARD, Michael 30, Manervia 29, William 11, Mary 8, Martha 6, Elizabeth 5, James 3, John 7/12 (b. Dec)
122. MARLOW, Alex 22, Sarelda 19, Nancy 4, Hannah 2, Powell 2/12 (b. Mar)

Page 15, District 14 (continued)

123. DARITY, Powel 22, Lina 18, Sarelda 2, WILSON, Susie 40 (mother in law)
124. McGEE, William 21, Hala 16 (wife)
125. JONES, Cleveland 50 (KY VA NC), Gemima 51 (KY KY KY), Pollie E. 16, Richard 14, Harvey D. 12, Samuel 10
126. MARLOW, Ben 52 (AL AL NC), Betsy 48 (T T VA), CANADA, Thos. 17 (relationship omitted on this & next 2 individuals), Elizabeth 19, Martha 2/12 (b. Apr)

Page 16, District 14

127. DARITY, L. 21 (T NC T), Margret 22 (wife), John L. 2
128. BULLOCK, Frank 63 (T NC T), Melia 53, Martha 12, Joseph 9, Sterling 6, Lewis 6
129. PHILLIPS, Charles 35 (T T NC), Cresia 37 (T AL NC), DARITY, Ruben 8 (stepson)
130. WILSON, Abraham 57, Louisa 25 (wife), John 2, Nancy J. 4/12 (b. Feb)
131. WILSON, Isac 24, Nancy 21, Angeline 3, Susue 9/12 (b. Sep)
132. McAMY, Andrew 33, Cela 25, James 11 (son), Sterling 9, Isaac 5, Sarah 2, Nancy 5/12 (b. Jan), WHITE, Nancy 45 (mother in law), John 19 (bro in law)
133. JONES, James 25 (KY KY KY), Judah 21 (wife), Cleveland 3, Isaac 2, Gemima 4/12 (b. Feb)
134. WORLEY, Margrett 45 (widow), OWENS, James 23 (son) (KY VA T), William 21 (son) (KY VA T)
135. CARSON, Peter 25 (KY KY KY), Laurana 24 (T VA T), Louvisa 4, James 2, Julia 6/12 (b. Dec)
136. OWENS, John 26 (KY VA T), Perlina 24 (KY KY KY), Lucinda 5 (KY), Julia 3 (KY), George 1 (KY)
137. WILSON, Jessie 21, Sarah J. 17 (KY T T), John 4/12 (b. Feb)

Page 17, District 14

138. BULLOCK, John 36, Tilda 36
139. MILLER, Mike 50, Sarah 48, Mary 17, Daniel 14, Sallie 12, Eliza 10, Melvina 7
140. HAWKINS, Cal. 26, Susan 29
141. MASSIONGAL, John 28, Rebecca 25, James 8, Nancy 6, Henry 1, Mary A. 60 (mother)
142. MASSIONGAL, Matthew 54, Margret 47, Mary J. 14, Sarelta 13, William 12, Nicolas 8
143. HAWKINS, C. S. 26, Scintha J. 22 (wife), James 3, Melvina 3/12
144. HARMON, Mike 21 (married within yr), Nancy 18
145. CROSS, Ab. 21, Sallie 20, George 7/12 (b. Dec), AULT, Richard 15 (relationship omitted)
146. McGEE, John W. 19, Hannah 16 (married within yr)
147. TACKET, Mike 29, Phebia 28 (T T NC), Isaac 9, William 8, Louisa 5, Martha 1
148. McGEE, Alex. 51, Melinda 37 (wife), A. Bledsaw 12, Bee 10 (son), Catharine 8, Marshall 4, Russell 11/12 (b. Jun)
149. BURRAS, John 34, Nancy J. 30, Richard 9, Emly B. 6, Mark 4, Perry 1

Page 18, District 14

150. BURRAS, T. N. 63, Marich(Mariah?) 59 (wife), Nancy 23, Mary 18, Thos. jr 16, Mariah 13, Mauda 10
151. BURRAS, Samuel 22, Polly A. 20, Alice 1/12 (b. Apr)
152. MARCUM, Osies 21, Rittie 26 (wife), James H. 1
153. BUNCH, John 33, Patsy 32, Isaac 10, Polly 9, Melinda 7, James 5, Jeamer 3 (dau), Mack 1
154. McGEE, Samp 38, Isabella 32 (wife), John P. 10, Mariah 7, Nancy 4, Alfred 2
155. MARLOW, Raben 35 (T NC NC), Icie T. 43 (wife), Powell 13, George 5
156. PATTERSON, Thos. 20

CAMPBELL COUNTY (22)

Page 18, District 14 (continued)

157. McGEE, Thos. 40, Sallie 32, Martha 18, Judah 17 (dau), Sampson 16, Richard 14, Rosa 12, Parizidda 10 (dau), Mothana 8, James 6, Sarah 4, Sherwood 2
158. CANADA, Martin 35, Emaline 32, Sousana 13, Goalman 9, James 6, Eliza J. 5

Page 19, District 14

159. PHILLIPS, Benj. 23 (T T NC), Parazidda 22, Mary 3, Martha 1
160. CANADA, Richard 34, Palmyra 31, Sela 10, Sarah 6, Jane 2
161. CANADA, Sterling 39 (T VA NC), Peggie 35, Emily 2, MILLER, Mike jr 18
162. WARD, Wm. L. 42, Eliza Jane 32, Eli 18, Riley 16
163. ARTHUR, Volentine 35, Elizabeth 30, Maria 11, William 10, Moses 7, Sampson 2, Sousana 2/12 (b. Mar)
164. WARD, Michael 22, Susan 27, Elizabeth 9/12 (b. Mar), TACKET, Cresia 6 (step dau), Mike 4 (stepson), Sallie A. 1 (stepdau)
165. WARD, Dakely 43, Sarah 33, Eli 16, Sarah E. 13, Mary E. 12, Prudie 8, Moses 6, Louisa 4, Sterling 1
166. NEEL, Solomon 48 (KY KY KY), Rebecca 30 (wife) (KY KY KY), William 13 (KY), Abbie G. 11 (KY), Thomas 9 (KY), John L. 6 (T), Sarah 3 (T)

Page 20, District 14

167. BURGE, Nancy 25 (divorced), Calaway 6 (son), Wm. J. 4
168. BURRASS, A. 30, Elizabeth 34 (wife), Nancy 8, Moses 6, Isabella 3, CARROLL, Neton 14 (stepson), Sarah 12 (stepdau), Jeb 7 (stepson), Andy 4 (stepson)
169. CANADA, Goleman 40 (T VA NC), Mary A. 46, Rachael 16
170. POLSTON, Elias 66, Clara 56
171. KARROLL, Acely 21, Elizabeth 20 (wife)
172. WARD, Farley 20, Betsy A. 22, Isabella 2, Thomas 1
173. PHILLIPS, Fair 20, Elizabeth 18, Joseph 1
174. DARITY, Gerah 22, Izela 16 (wife)
175. MARLOW, Calvin 17, Fanie 22 (wife), Julia V. 1
176. CANADA, Mat 65 (NC NC NC), Profany 52 (wife), Martin 12
177. SEIBER, Phillip 50, Betsy 34 (wife), Susie 11, Betsy J. 8, Myria 10/12 (b. Aug)
178. WARD, Wm. 61 (NC NC NC), Jane 61, Sarah 23, Susie 19
179. MARLOW, George 25, Margret 21, Goleman 6, Isaac 4, Barton H. 1
180. PHILLIPS, Clabe 28, Liddie 16 (wife), Jane 6, Peggie 4, John 1

Page 21, District 14

181. BURGE, Henry 49, Clara 47
182. CARROLL, Sampson 23, Mary J. 21, Henry 2
183. WARD, Hile 28, Jane 28, Polly 7, Sabra 3, Alfred 6/12 (b. Dec), Nancy 70 (g moth)
184. CARROLL, King 39 (T NC KY), Louisa 32 (T T KY), Noah 18, Calvin 14, Bird 12, Columbus 3, Mary 1
185. CARROLL, John 69 (KY KY KY), Sarah 67 (T VA VA), ROBERTS, Francis 16 (g son), Perry 12 (g son), RECTOR, Louisa 34 (divorced) (relationship omitted)
186. BURGE, Robin 57, Mary 42 (wife), William 20, Charles 16, Maynard 13, Sarah 9, Vina 1
187. BURGE, George 21, Mary 18
188. DARITY, James 36, Sarah 36, Sherman 13, Manda 10, Hiram 8, John 6, Volentine 2, Solomon 60 (father)
189. BURGE, Susie 20, Sallie A. 4 (dau), Nancy 2 (dau)

CAMPBELL COUNTY (23)

Page 1, District 4

1. HUNTER, John 57 (crippled) (T NC VA), James 8, George 5
2. WALKER, J. S. 42 (T VA T), Synthia 44 (wife) (T VA __), John 20, Mary 16, Hannah 14, Lassie 12, Robert 7, James M. 5
3. WALLACE, W. H. 38 (crippled) (T T AL), Elisa 27? (wife), Eva 15 (dau), A. P. 11 (son) (scrofula) (KY), W. F. 10 (son) (T), D. T. 6 (son), M. M. 3 (dau)
4. EDMONDSON, C. 32 (VA VA VA), T. M. 28 (wife) (VA VA VA), M. E. 6 (dau) (VA), V. A. 5 (dau) (T), N. J. 1 (dau), child 1/26 (dau), BRUMMETT, N. J. 20 (servant)
5. LAWSON, T. 39 (married within yr) (f), Jady? 20 (son), W. J. 15 (son), D. I. 14 (son), J. F. 8 (son)
6. LAWSON, D. J. 49, M. E. 38 (wife), Wm. 20, P. 18 (dau), T. 15 (dau), G. T. 13 (dau), M. 10 (dau), D. L. 6 (son), Eli 4
7. HART, E. 50 (f) (T NC VA)
8. BARNETT, N. C. 35 (niece of #7), M. J. 6 (dau of #7), C. M. 2 (dau of #7)
9. HART, Betsy 73 (T NC T)
10. JOHNSON, J. W. 29, Julia 34 (wife), J. F. 3 (son)
11. McFARLAND, C. 26, S. A. 25 (wife), N. J. 2 (dau), I. 11 (dau), L. I. 3 (dau)

Page 2, District 4

12. DEAN, M. 30 (widow) (arecip), John 11 (son), Dave 7, Eve 2
13. NEAL, Daniel 58 (VA Ire T), L. 50 (wife) (T SC VA), Wm. 18, C. 14 (son), R. 12 (son), Andrew 10, Maggie 20, David 24
14. KINCAID, D. C. 24 (m) (married), Stella 2 (dau), Mattie 25 (wife), REYNOLDS, E. 12 (f) (servant)
15. LIPSCOMB, W. 60 (widow) (rheumatism) (NC NC NC), R. 22 (dau) (NC NC NC), JONES, M. 19 (f) (relationship omitted), LIPSCOMB, L. J. 3 (dau) (T NC KY), J. L. 3 (son) (T NC KY)
16. LYNCH, H. 73 (gravel) (NC NC NC), M. 44 (wife) (VA PA PA), Daniel 14 (VA NC VA), L. 10 (dau) (VA NC VA), Morgan 7 (VA NC VA)
17. KELTON, Wm. 37 (DC DC DC), C. 36 (wife) (IL T T), J. T. 18 (son) (T SC IL)
18. HART, E. 56 (f)
19. HICKS, J. 77 (NC NC SC), E. 73 (wife) (scrofula) (T VA NC), C. 33 (dau), M. J. 14 (dau) (KY), E. A. 11 (dau) (KY)
20. REYNOLDS, E. 56 (widow) (KY KY KY), A. 22 (son) (T KY KY), Nancy 26 (rheumatism), George 20, Bettie 18
21. MILLER, Henry 30, Josie 24, Florence 9, Kelley 6 (son), J. C. 3 (son), C. C. 2 (son), Luther B. 1/6
22. PRATER, C. 47 (f) (married) (NC __ __), F. 16 (dau) (T NC NC), John 14, B. 12 (son), Tennie 7, E. 5 (son), T. 3 (son)

Page 3, District 4

23. DELAP, Phoeba 60 (widow), FORD, Tennie 18 (servant), CHAPMAN, Wm. 13 (relationship of this & following members of household not indicated), CRAWFORD, J. D. 15 (m), GALLET, George (B) 15
24. RECTOR, W. R. 36 (rheumatism) (T NC NC), Celia A. 26 (wife), M. E. 12 (dau), N. E. 11 (dau), R. B. 10 (son), Marthy 5, Carrie 1
25. DELAP, D. S. 32, Belle 25 (wife), Rafe 8, Willie 6, George 5, John 3, M. J. 1/4 (dau), WALKER, L. 49 (widower) (relationship not listed for this & following members of household), Mollie 14, TAYLOR, C. 19 (m), MYRES, Willard 20
26. MYRES, Henry 48, S. J. 44 (wife), I. M. 21 (son), A. B. 19 (son), M. L. 17 (dau), M. A. 15 (dau), M. J. 12 (dau), W. H. C. 10 (son), E. B. 8 (dau), I. D. 6 (dau), S. B. 3 (dau)
27. YORK, Wm. 44, C. 43 (wife), E. 2 (dau)

CAMPBELL COUNTY (24)

Page 3, District 4 (cont'd)

28. HOPE, Jordan 48 (T T NC), R. 46 (wife) (T NC T), Nannie 15, Tommie 13, Nancy 76 (mother) (T T T)
29. HANLEY, J. M. 37 (VA VA VA), Emily 24 (wife), Gileas 13, E. 11 (dau), Marthy 9, Thos. 6, John 4, C. 2 (dau)

Page 4, District 4

30. DABNEY, D. R. 45 (flux), N. C. 37 (wife), Sallie 18, Thos. 15, C. 12 (son), Vina 10, A. 7 (son), Sue 4, A. B. 1/26 (dau)
31. GROSS, G. W. 39, L. A. 37 (wife), C. C. 20 (son), M. C. 18 (dau), K. A. 16 (dau) (KY), W. G. 12 (son) (KY), R. A. 10 (son) (T), M. E. 6 (dau), G. C. 3 (son), infant 1/6 (son)
32. WHEELER, E. F. 40 (T VA VA), Annie 26 (wife); KINCAID, Lucy (B) 15 (servant --W. L____mill); CHADWELL, J. 21 (m) (relationship omitted)(W)
33. CANNON, Wm. 36 (carpenter) (T VA T), Ellen 30, Anna 13, Ellen 11, Hugh 9, Ulit 7 (son), Fred 3, infant 1/4 (son)
34. SCRUGGE, W. J. 45 (widower), Lizzie 18, Laura H. 14, Alice 11, Hellen 9, Maggie 6
35. QUEENER, George (B) 52, Brice 19 (son), Thos. 16, Ann 57 (wife), Squire 11
36. PHILLIPS, C. 21, N. 27 (wife), Barton 1/12 (b. May)

Page 5, District 4

37. BOWMAN, W. 38 (T VA T), D. 42 (wife), M. 13 (dau), E. 10 (son), R. 7 (son), J. 7 (dau), S. 6 (son), R. 5 (dau), L. A. 3 (dau), S. K. 1 (dau); ALLEN, George 19 (servant)
38. THOMAS, R. 33, M. 30 (wife), F. A. 10 (f) (relationship omitted, apparently dau), C. M. 9 (son), J. W. 6 (son); SWEAT, M. A. (B) (f) 60 (laundress), Sharp (B) 13 (g son)
39. THOMAS, John (B) 30, D. E. 20 (wife)
40. QUEENER, David (B) 30 (widower) (rheumatism), Tennie 6, Riley 2 (son)
41. HUNLEY, J. H. 45, A. 49 (wife), M. 16 (dau), C. 14 (dau), L. 11 (dau), Laura 2 (dau); THOMPSON, C. 21 (m); HOOD, John 14 (relationship of these last 2 individuals not shown)
42. GRAYHAM, C. 45 (f), Alice 16 (dau), N. 25 (dau), M. 12 (dau), J. 5 (son)
43. CHAPMAN, _____ 47 (pleuri) (T VA T), Sue 39 (wife) (heart dis), M. 14 (dau), P. 13 (dau), Mamie 8, Willie 5 (son), Hettie 4; MONTGOMERY, N. 41 (relationship not indicated), E. J. 38 (wife), M. E. J. 3 (dau), Martha 1/6 (dau)
44. SHARP, Tillman 55, A. 56 (wife) (heart dis) (T T NC), D. F. 21 (dau), M. L. E. 18 (dau) (heart dis)

Page 6, District 4

45. VINSANNT, G. W. 57 (m) (T MD VA), Julia 24 (dau)
46. THOMPSON, B. 65 (T VA VA), C. 53 (wife) (KY KY KY), Mack 25, Thos. 23, Wm. 20, R. 13 (dau)

Page 7, Village of Jacksboro

46. Peterson, A. J. 48 (blacksmith) (T PA T), J. 33 (wife), C. C. 16 (son), Tennie 12, Willie 8 (dau), Maggie 5, infant 1/6 (son)
47. RODGERS, Queed 22 (merchant), Sue 18, Lena 1/3, D. I. 27 (relationship omitted) (m) (merchant); BRANSCOMB, M. (f) 13 (relationship omitted)
48. COOPER, Ed (B) 57 (T VA VA), Lou 47 (wife) (KY KY KY)
49. GRAY, Ed 38 (mechanic), E. 39 (wife) (asthma), J. F. 19 (son), M. D. 14 (son), N. E. 17 (niece)

CAMPBELL COUNTY (25)

Page 7, Village of Jacksboro (cont'd)

50. DUTTON, Sterling 24, D. A. 23 (wife), N. C. 11/12 (dau)
51. GRAYHAM, J. H. 28, E. 29 (wife), D. H. 2 (dau), J. W. 10/12 (son)
52. SMIDY?, John 35, Annie 31, M. L. 4 (dau?), L. H. 1/3 (son)
53. COOPER, J. M. 23 (Deb. U.S.M.), M. 19 (wife)
54. HAIL?, Wm. 53, M. B. 48 (wife), J. P. 14 (son); JOHNSTON, W. E. 23 (stepson)
55. RUSSELL, W. B. 49 (physician) (VA VA VA), D. A. 36 (wife), H. E. 8 (dau), A. C. 6 (son)
56. TAYLOR, J. 34 (f) (widow) (GA GA GA), J. D. 13 (son) (T T GA), A. L. 12 (dau), U. 6 (son), W. H. 2 (son); ROSIER, Mary 17 (relationship omitted) (T GA GA)
57. TAYLOR, W. M. 56 (carpenter), B. A. 34 (wife), T. R. 10 (m) (son?), J. W. 8 (son?)

Page 8, Village of Jacksboro

58. ROSIER, H. 28, D. E. 31 (wife), D. E. 5 (dau), Oscar 2
59. PETERSON, Ann 54 (widow) (VA VA VA), Mary 23 (dau) (T VA VA)
60. WILSON, I. 36 (grocer), Lizzie 22 (wife) (GA GA AL), H. H. 3 (son), J. M. 5 (son), Cora 5/6 (dau); CLODFELTER, B. (f) 23 (relationship omitted)
62. GARDNER, Z. 69 (widow) (VA VA VA), John 38 (VA VA VA)
63. GOZA, Z. F. 35 (stone mason) (GA GA GA), A. S. 34 (wife) (GA GA SC), F. E. 11 (KY GA GA), F. U. 8 (GA), C. A. 5 (dau) (T), Estella 1
64. McLAIN, F. H. 41 (nursery man), L. A. 33 (wife), M. E. 14 (dau), I. F. 13 (dau), W. G. 11 (son), J. H. 9 (son), E. P. 6 (dau), B. A. 6 (dau), A. C. 4 (son), E. L. 1/2 (dau)
65. CAIN, Jack (B) 30, Mary 31, L. J. 6 (dau)
66. MASON, J. W. 50 (engineer in s. mill) (PA PA PA), U. E. 40 (wife) (VA VA VA), W. J. 13 (son) (KY); HUTSON, Alice 12 (servant)
67. FORRESTER, J. H. 21 (tinner), E. 19 (wife); CHAPMAN, U. 8 (servant) (T T VA)
68. JENNINGS, John 34 (store K & G) (PA PA PA), Julia 19 (wife); FORRESTER, E. 16 (sis in law); MOZINGO, I. 22 (servant)
69. DOWEL, F. 29 (works in sawmill) (T NC T), M. A. 32 (wife), G. F. 10 (son), E. 6 (dau), Richard 4
70. SMITH, L. 37 (f), L. 8 (dau?)

Page 9, Village of Jacksboro

71. BOWMAN, E. 63 (widower) (T VA VA), C. 24 (dau)
72. BOWMAN, W. 29, U. 23 (wife) (KY KY KY), Belle 4, S. H. 1 (son)
73. BROYLES, Riley 35 (carpenter), R. 35 (wife) (T T KY), U. S. 17 (dau), H. H. 14 (son), J. F. 13 (son), Andrew 11, A. 8 (dau), Aaron 6, J. M. 2 (son)
73. [included in 73 above, but obviously a separate family] COOPER, D. 54, H. 50 (wife), Bettie 14, L. 12 (dau), U. S. G. 10 (son)
74. WILLIAMS, J. 37 (carpenter) (SC SC SC), M. J. 27 (wife) (VA VA VA), H. B. 7 (son), M. M. 5 (dau), L. B. 2 (dau), A. J. 9 (dau)
75. ADKINS, T. 55 (miller) (T NC T), S. 54 (wife), H. T. 19 (dau), E. A. 14 (dau); BURTON, J. 12 (servant)
76. WALTON, Nancy 50 (T VA VA), S. E. 21 (dau), W. W. 20 (son), Mary 18
77. WALTON, John 22 (works in sawmill), L. J. 30 (wife), N. L. 4 (dau)
78 & 79. KEARNEY, J. S. 35 (m) (bootmaker) (GA NC GA), M. 44 (wife) (GA VA GA), T. C. 15 (son) (GA), Albert 11 (GA), Hellen 7 (T), Flaurence 5, Charles 3
80. TAYLOR, T. J. 32 (merchant) (T SC SC), E. A. 31 (wife) (IN KY IN), T. J. 5 (son) (KY), M. E. 2 (dau) (T)

CAMPBELL COUNTY (26)

Page 10, Village of Jacksboro

81. CATES, J. W. 35 (chills), L. M. 33 (wife), Ida 6, Hairy 2
82. HOBBS, J. R. 24 (painter) (MA MA MA), N. E. 22 (wife)
83. BAIRD, S. B. 38, D. 35 (wife) (T VA T), Synthia 12, Wince 10 (son), C. 8 (son), H. M. 6 (son), A. J. 3 (dau), J. N. 3/4 (dau)
84. RUSSELL, C. D. 44 (physician) (bronchitis) (VA VA VA), N. J. 32 (wife?), R. A. 12 (son), W. S. 4 (son), T. P. 2 (son) (T T T)
85. REID, J. H. 26 (lawyer) (VA VA VA), M. J. 29 (wife); RODGERS, H. M. 18 (m) (servant) (NC NC NC); FORD, C. 19 (f) (servant)
86. HALL, W. C. 55 (merchant), E. J. 52 (wife) (T T VA), W. L. 19 (son) (clerk in store), E. J. 13 (dau); ELKINS, Payton 78 (father in law) (T __ __)
87. BIBEE, J. M. 42 (merchant), M. E. 26 (wife), J. W. 20 (son) (teacher), M. C. 17 (son), M. E. 12 (son), C. A. 11 (dau), B. L. 6 (dau), W. L. 4 (son), Minnie 2, F. S. 1/2 (dau); BOWLING, M. A. 21 (f) (B) 21 (Servant), U. L. 2 (dau); SWEAT, G. W. 37 (m) (servant?); KINCAID, G. W. 17 (m) (servant?)
88. WEATHERFORD, S. 35 (brick mason), M. C. 27 (wife), John 12, Emma 8 (son?), J. C. 6 (son), Hassie 3 (dau), Maggie 1

Page 11, Village of Jacksboro

89. JOHNSTON, J. E. 29 (prof.) (T VA T), W. B. 21 (wife) (VA VA VA), J. R. 4 (son), C. L. 1 (dau)
90. IZLEY, L. 54 (T NC T), M. T. 43 (wife), J. 19 (son), Mary 16, Sue 13, Nannie 11, Charlie 7, Fannie 3
91. HOLLINGSWORTH, J. C. 38 (merchant), Texas 35 (wife), M. H. 15 (son), J. R. 10 (son), E. E. 7 (dau), Carrie 5, L. F. 3 (son)
92. MILLER, D. E. 26, M. A. 19 (wife), L. L. D. 1 (dau)
93. MILLER, John 29 (carpenter), Mandy 23, E. J. 6 (dau), Hugh 4, Maggie 2
94. BAKER, Mary 36, Minnie 17 (dau), Corda 10 (dau)
95. HUNTER, J. C. 46 (m), Willie 14 (son)
96. ALLEN, Wm. 35 (SCC clerk) (NY Ire NY), S. E. 23 (wife), H. R. 8 (son), Nora 6, Edgar 3, John 1/2; WILHOIT, D. 18 (servant) (f)
97. KINCAID, L. R. (B) 38, E. 40 (wife), L. 18 (son), Ann 14, Frank 23
98. KINCAID, Alex (B) 30, Mary 26, Synthia 6, J. 3 (son)
99. GWINN, D. 33 (m) (S.M. agent); RODGERS, Will 19

Page 12, Village of Jacksboro

100. WIER, A. J. 25 (m) (T Ire T), L. L. 62 (f) (T T VA), M. J. 40 (f) (T Ire VA), S. R. 31 (f) (T Ire VA) (relationships not indicated on schedule)
101. MILLER, D. W. 30 (m), Lou 28, L. 7 (f), Wm. 4 (relationships no indicated)
102. GREEN, Wm. 32 (diarhoea) (T VA VA), M. E. 21 (f) (wife?), T. R. (m) 2 (son?), M. J. (f) 5/6 (dau?)
103. DOWEL, R. 72 (rheumatism) (NC NC NC), Sallie 50 (wife?) (T VA T), James 24 (T VA T), M. P. 22 (son?) (T VA T), Susie 16 (T VA T), Tennie 13 (T VA T); ALLEN, M. 11 (m); KIRKPATRICK, B. (m) 25 (lawyer) (T T AL) (relationships of last 2 above not indicated)
104. WIER, J. W. 31 (T Ire T), Eliza 27 (wife?), Mary 5, Charlie 3, Willie 1 (m)

Page 13, District 4

102. WARWICK, J. W. 46, M. J. 40 (wife) (T GA T), J. T. 20 (son), D. W. K. 16 (son), M. C. 14 (dau), L. M. 11 (dau), Malinda 9, M. M. 7 (dau), Niblo? 5 (son), S. J. T. 3 (son), T. R. 1 (son); QUEENER, Mary 67 (relationship omitted)
103. MILLER, Mark 31, Kate 30, Mary 4, B. 1/4 (dau)

CAMPBELL COUNTY (27)

Page 13, District 4 (cont'd)

104. CLARK, Nancy 49 (widow), J. 14 (son) (blind), William 13, Bettie 8; DOSSETT, J. 93 (f) (crippled) (relationship omitted)
105. QUEENER, Benj. 32 (T T NC), A. 73 (mother) (T T NC); KINCAID, E. 30 (f), J. 4 (son), L. 1 (dau) (relationship of Kincaid to Queener omitted)
106. MILLER, Frank 26 (son), Patsy 56 (mother) (widow), James 24 (son), George 21 (son), Ruthy 20 (dau), Eliza 18 (dau), Jack 15 (son)
107. MILLER, Sterling 36 (carpenter), Mandy 26, Jack 3, James 4
108. VINSANNT, G. 50 (m), Mary 51, B. 23 (dau), D. 21 (son), Wm. 19, Eliz. 14 (son) [sic], Martha 12, N. J. 10 (dau), Alice 8
109. MILLER, Go. 22, Elizabeth 17 (wife)
110. HENSELY, L. J. 48 (m), E. J. 23 (dau), M. A. 21 (dau), Martha 6 (dau), Frank 3, Joseph 1 [note: head of this household probably a female, as occupation listed as "keeping house"]

Page 14, District 4

111. WOOD, D. 30, M. E. 27 (wife), M. J. 8 (dau), Alice 6, Harnion 4 (son), Hugh 1. 2; DUNCAN, Jas. 20 (son)
112. WOOD, C. 33, B. J. 32 (wife), Manerva 10, John 11, James 8, M. C. 6 (dau), Sarah 4, Liua 2 (dau); WELSH, R. 17 (f) (relationship omitted)
113. HUNTER, John jr. 29, M. A. 25 (wife), C. C. 6 (son), M. T. 4 (dau); WALKER, Mary 18 (servant)
114. OVERBAY, John 23, M. A. 30 (wife), J. W. 4 (son), James 3, Wm. 1; HARMON, E. 15 (m) (servant)
115. HUNTER, S. F. 32, L. 25 (wife), George 6, S. A. 4 (dau), V. T. 2 (dau), John 5/6 (b. Aug)
116. GREEN, R. S. 61 (VA VA VA), M. J. 54 (wife) (VA VA VA), Isaac 20, John 18, D. H. 14 (son), George 12
117. VINSANNT, J. M. 30, L. D. 25 (wife), K. E. 5 (dau), C. C. 3 (son), Sue B. 1
118. VINSANNT, L. P. 32, E. 20 (wife), G. W. 4 (son), J. S. 2 (son)

Page 15, District 4

119. SMITH, J. L. 22, Mary 21 (wife), F. E. 3 (dau), J. W. 1 (son), J. K. 1/2 (son)
120. BROWN, Eli 52, Martha 40 (T VA T), Kittie 17, William 16, P. 14 (dau), J. L. 13 (son), James 9, B. 7 (son), L. 4 (dau)
121. BROWN, G. W. 23, N. J. 21 (wife), M. L. 1 (dau), H. T. 1/2 (b. Jan) (son)
122. TEASTER, H. 60 (NC NC NC), A. 47 (wife?) (T NC NC), S. L. 19 (dau) (T NC NC), B. A. 18 (dau) (T NC NC), R. L. C. 15 (dau) (T NC NC), M. M. 10 (dau) (T NC NC), E. C. J. 7 (dau) (T NC NC)
123. WIER, Beggy (B) 66 (widow) (T VA VA), James 18, John 17
124. SMITH, Geo. 42 (widower), Mary 16, Kizzie 14 (dau), Sue A. 12, Bettie 10, John 8, Julia 6
125. DOSSETE, Henry 45 (T NC T), L. 47 (wife), Ed. 24, Kittie 18, R. 16 (dau), E. 14 (dau), W. 12 (son), H. 11 (son), Thos. 9
126. VINSANNT, J. W. 27, Kizzie 21 (wife), M. J. 3 (dau), H. R. 1 (son), M. J. 5/12 (b. Jan) (dau)

Page 16, District 4

127. SWEAT, F. 27 (T T GA), M. J. 35 (VA VA VA), J. 11 (dau), W. F. 5 (son) (crippled), L. W. 3 (son), G. M. 1 (son), S. 7 (niece), M. 5 (nephew)
128. VIOLET, John 20, Nancy 22
129. PAUL, Geo. 24, Nancy 22 (T VA T); WIER, Ann 23 (relationship omitted)
130. FORD, Nancy 50 (widow), Wm. 19, R. C. 17 (dau) (cook in hotel), J. H. 15 (son), N. J. 12 (dau), M. S. 11 (dau)
131. GREEN, Robert 22 (T NC NC), S. E. 2] (wife), D. C. 2 (son), J. R. 1/6 (b. Apr (son)

CAMPBELL COUNTY (28)

Page 16, District 4 (continued)

132. HARMON, E. 58 (T IL NC), E. 59 (wife?), S. C. 23 (dau) (T IL NC), Betsy 18 (T IL NC), Martha 16 (T IL NC), Nancy 15 (T IL NC), Saml 12 (T IL NC), Wm. 9 (T IL NC), Frances 5 (T IL NC), Henry 3 (T IL NC), D. 1 (dau) (T IL NC)
133. GRAYHAM, G. W. 38 (KY T T), L. 34 (wife), J. J. 12 (son), N. M. 10 (dau), COOPER, W. (B) 20 (works on farm) (T KY T)
134. KINTZ, Kitty (B) 40 (widow) (T VA VA), Mary 20, Charlie 18, William 12, Florrence 4, Thos. 6 (g son), Minnie 3 (g dau), RICHARDSON, P. 100 (father in law) (VA VA VA)
135. RICHARDSON, R. (B) 65 (VA VA VA), F. S. 19 (wife)

Page 17, District 4

136. PAUL, Car 52 (T VA VA), S. J. 41 (T T VA) (wife?), V. T. 15 (m), N. C. 12 (f)
137. MOZINGS, M. 31 (m) (T VA VA), Nancy 74 (mother) (VA Eng VA), Mollie 17 (niece), Belle 21 (niece), Will 13 (nephew)
138. TILLER, Geo. 22, Sue 20, T. H. 5/6 (b. Aug) (son)
139. VINSANNT, L. P. 55 (T MD VA), M. P. 54 (wife) (T VA VA), Henry 24 (carpenter) (T T VA), LINDSAY, Alex 74 (relationship omitted)
140. LOYD, Alex 39 (T VA T), Annie 37, Laura 12
141. MONTGOMERY, B. 75 (widow)
142. BURRASS, W. 30, Mary 28 (wife), G. W. 8 (dau), L. J. 6 (dau), Emily 4, Martha 2
143. HOOD, Sue 45 (widow) (T NC T), John 14 (T NC T), M. E. 11 (dau) (T T T)
144. HOOD, E. 26 (f) (T NC T), Josie 24 (dau), Armp? 6 (son), James 4 (son), A. J. 9 (dau)
145. CHAPMAN, John 45 (T VA T), L. 45 (wife), Mary 18, George 16, Lizzie 10
146. QUEENER, Jacob 57 (T Ger PA), S. A. 56, (wife), J. jr 26 (son), Sampson 21, George 18, Belle 15
147. HALE, Wm. 39 (T NC VA), M. 33 (wife), M. 9 (dau), M. 7 (dau), S. 4 (dau), Wm. 3, Silas 1

Page 18, District 4

148. CLATFELTER, John 26, B. 19 (wife?), J. L. 2 (m), W. G. 5/6 (m)
149. CLATFELTER, S. L. 34, M. J. 21 (wife), H. L. 1/12 (son), Nancy 72 (mother) (T PA PA), James 45 (relationship omitted)
150. QUEENER, Riley 58 (T Ger PA), Mary 45 (wife), Thos. 25, Kittie 16, M. 14 (dau), Jordan 11, Nannie 8, Texas 5 (dau)
151. CRUTCHER, S. (B) 24, Nancy 20 (wife), W. F. 4 (son), S. A. E. 2 (dai_. K/ J/ 2/3 (b. Sep) (son)
151. HALE, Joseph (B) 41 (married), M. 15 (dau), L. 6 (dau), J. 3 (dau)
152. CLATFELTER, Cas. 50, Eliza 45 (wife), M. E. 21 (dau), M. J. 20 (dau), L. A. 17 (dau), D. J. 14 (dau), Charlie 12, Monroe 10, James 9 (typhoid f), Tennie 7, Tilden 3
153. QUEENER, Henry 31 (T T GA), M. J. 32 (wife), S. D. 6 (son)
154. QUEENER, Dan 25 (T T GA), J. 20 (wife), W. L. 2 (son), infant 1/12 (b. Jun) (son), Ollie 55 (mother)
155. CANTREL, J. P. 24 (T NC T), M. A. 24 (wife?), (T T GA), O. B. 5 (f), N. J. 5/6 (b. Aug) (dau)

Page 19, District 4

156. CANTREL, N. J. 40 (widow), Lewis 20, R. H. 15 (son), Thos. 13
157. ROACH, M. 60, Eliza 60 (wife?) (T VA T), Celia 85 (mother), Andy 13 (g son), Orlenia 11 (g dau)
158. CHAPMAN, H. 22, T. E. 21 (wife), Lucinda 2
159. DIXON, N. (B) 21, Ollie 22 (wife), Elizabeth 3
160. LEACH, Russel 56 (in jail), HARMON, John 20 (in jail), JOHNSON, F. (m) 22 (in jail)

Page 19, District 4 (continued)

161. QUEENER, J. E. 29, L. U. 19 (wife?), R. L. 3 (m), Sallie 1, WALKER, John 20 (relationship omitted)
162. COX, Hiram 50 (T NC NC), C. C. 41 (wife), Wm. 16, J. 14 (son), Eliza 12, E. 10 (dau), Joseph 4
163. SUTTON, James 32 (KY KY T), D. 58 (mother) (VA VA T), Lincoln 18 (son) (T KY T)
164. CHADWELL, Alx 52 (VA VA VA), M. 40 (wife) (VA VA VA), John 21, Alx jr 19, Andy 15, Wm. 12, C. 10 (son), M. 6 (dau), A. 3 (dau)
165. CHADWELL, P. 23 (T VA VA), M. A. 19 (wife)
167. BROYLES, A. 58 (T VA VA), Anna 53 (wife), M. J. 26 (f), J. M. 21 (m), H. E. 20 (dau), RITCHARDSON, F. S. (B) 4, (f), Eliza 1 (relationships of last 2 omitted)

Page 20, District 4

167. BROYLES, P. A. 18 (f), T. Y. 15 (son), M. E. 13 (dau), A. D. 11 (son), L. M. 9 (son) (believe this group belongs with #167 above, & the 2 Ritchardsons should be in another household)
168. CLOTFELTER, D. H. 51 (T PA T), C. V. 53 (wife) (VA VA VA), MORGAN, C. 5 (f)
169. ADKINS, W. L. 40, Mary 42 (wife), Josie 18, PHILLIPS, J. R. 3 (g son), W. H. 1 (g son), WRIGHT, John 21 (relationship omitted)
170. JORDAN, Wm. 47 (T NC NC), A. 35 (wife) (KY OH T), D. 18 (dau), Elbert 15, Wm. H. 14, J. 12 (son), Hugh 7, Alice 10, Hattie 2
171. ALLEN, H. 24, M. J. 19 (wife?), Wm. 1
172. THOMPSON, James 49 (GA NC NC), C. 53 (T VA T), (wife?), James jr 7
173. NECKEUER?, C. 69 (T Ger T), Emily 40 (wife), J. 21 (son), E. B. 19 (dau), C. jr 16 (son), C. R. 15 (son), W. 13 (son), S. A. 10 (dau), J. D. 7 (son), Bettie 5, T. H. 3 (m), HICKS, D. 17 (lbrer)
174. LAWSON, C. 31, U. 28 (wife) (VA VA VA), B. 1 (son) (T VA T)
175. COLLINS, Kate 37 (widow) (T NC NC), M. A. 18 (dau), Ollie 16 (dau), Susie 14, Josh (B) 11 (VA T T), B. J. 9 (dau) (T VA T), Peggie K. 8 (dau) (T VA T)

Page 21, District 4

176. COLLINS, Mary (B) 51 (NC NC NC), R. 22 (son) (T T NC), M. J. 15 (dau) (T T NC)
177. COLLINS, Josh (B) 34 (T NC NC), M. 34 (wife)
178. HAMELTON, J. 56 (VA VA VA), E. 54 (wife), (VA VA VA), E. 24 (son), M. J. 20 (dau)
179. MILLER, Annie 45, Martha 20 (dau), James 13 (son), SHARP, Hiram (B) 58 (GA GA GA)
179. (this entry included with 179 above, but clearly a separate family) BRUCE, John 38 (T SC GA), S. 36 (wife) (T VA T), Thos. 16, D. 14 (son), B. 8 (dau), E. 4 (dau), J. 18 (son)
180. DAVID, J. 22 (miller), Elen 25 (wife) (insane), Eliza 4 MARCUM, J. 30 (dau-sic)
181. CLATFELTER, J. 48, S. 43 (wife) (T SC GA)
182. MILLER, J. M. 38, M. 31 (wife), Alice 14, W. A. 13 (son), J. N. 10 (son), J. E. 8 (son), L. 6 (son), C. D. R. 2 (son)
183. WHEELER, D. H. 27 (T T VA), Bettie 23 (wife), W. R. 5 (son), H. L. 3 (son), Thornton 1/12
184. BRUCE, J. 38 (widow), W. 18 (son), Lucy 11
185. HICKS, Wm. 33, C. 44 (wife) (T NC GA)
186 & 187. THOMPSON, Thos. 46 (T NC GA), P. 51 (wife), Cat. 22 (son), C. 20 (f) (crippled), Thos. 16, S. A. 14 (dau), James 12, C. 9 (dau), Eliza 6

CAMPBELL COUNTY (30)

Page 22, District 4

188. HERREN, J. L. 37 (T T NC), J. E. 35 (wife) (NC NC IA), M. 12 (dau) (NC), S. T. 10 (dau) (NC), C. F. 8 (son) (NC), J. F. 6 (son) (NC), E. A. 5 (dau) (NC), R. E. L. (crossed out) 1 (son) (T)
189. BURTON, John 13
190. WILLOUGOBY, P. 40, M. A. 38 (wife) (T T AL), R. S. 12 (son), H. S. 10 (son), S. S. 8 (son), M. A. 6 (dau), Andy 2/3 (b. Oct)
191. IVEY, Wm. 19, M. J. 14 (wife)
192. BARTON, R. 36 (widow) (IN IN IN), J. R. 17 (son) (T T IN), Jordan 14
193. WELSH, M. 30 (widow) (NC NC NC), Hettie 7 (T NC NC), Fred 3, John 2/3 (T T NC)
194. SMIDY?, Cal 60 (T VA VA), Betsy 35 (wife); DAVID, Saml. 8 (g son)
195. SMIDY, Benj. 26, A. 29 (wife); YOUNG, Annie 25 (widow) (relationship omitted), A. (dau) 2
196. SMIDY, James 33, H. 30 (wife), John 14, B. J. 12 (dau), Lassie 10, Mollie 8, Laura 6, Charlie 2/3 (b. Oct); SEXTON, K. 27 (m) (works on farm)
197. ADKINS, Alvis 53 (widower), Bettie 18 (son), B. A. 14 (dau)

Page 23, District 4

198. TACKET, J. 30, J. R. 40 (wife)
199. ADKINS, R. 19 (m), Elisha 7 (son)
200. GRAY, B. 65, F. 59 (wife?), S. 29 (dau), W. R. 13 (son), M. E. 11 (dau), W. T. 7 (son)
201. ADKINS, E. 56, F. 35 (wife), John 16, Joe 14, Ella 12, Wm. 9, Janie 3
202. ADKINS, M. 23, J. 17 (wife), M. 3 (son)
203. LINDSAY, Eve 45 (widow), Lottie 16, Charlie 14, Cora 12, Ella 10
204. ADKINS, Dick 22; SMITH, Jordan 82 (NC NC NC), E. P. 72 (wife) (T VA VA), John 51 (son) (T NC VA) (relationship of Smith to Adkins omitted)
205. MAGINSON, M. E. 42 (dau--of whom?) (T NC VA), W. F. 10 (son) (T NC T), T. E. 9 (son) (T VA T), E. 7 (son) (T VA T)
206. SHARP, W. Henry 51, T. J. 48 (wife), M. L. 23 (son), James 13 (son); QUEENER, S. E. 19 (relationship omitted); PETTIT, Russell 19 (relationship omitted)
207. PORTER, L. 41 (f), G. 20 (m), E. 14 (relationships omitted)
208. PORTER, H. 23, Mag. 20 (wife), G. 1 (son)
209. ORRICK, John 17
210. PHILLIPS, C. B. 35 (T KY T), S. 36 (wife), C. 66 (mother) (T T VA); COMER, James 6 (nephew)

Page 24, District 4

211. WHEELER, R. D. 33 (T T VA), C. 72 (mother) (VA VA VA); WAISMAN, J. R. 12 (nephew); LOYD, S. 35 (servant) (f)
212. LOVET, Ulsses [sic] 37 (T AL T), L. 31 (wife) (T NC T), F. T. 12 (dau), H. L. W. 9 (son), W. F. 6 (son), H. A. 5 (dau), B. S. 3 (son), L. K. 1/4 (dau)
213. SHARP, Dicy (B) 50, Annie 9 (dau)
214. SHARP, Mira (B) 65, L. 3 (dau); QUEENER, Sil. 20 (nephew)
215. COX, John 25, S. 22 (wife), H. 1 (dau)
216. RAINER, Jas. 50 (NC NC NC), Pollie 40 (dau--probably should read wife)(NC NC NC), M. A. 13 (dau) (NC), E. E. 12 (son) (T), J. H. 10 (son) (KY), J. R. 8 (KY), S. D. B. J. 7 (dau) (KY), V. V. 6 (dau) (T), L. J. E. 1 (dau) (T)

Page 25, Village of Careyville

217. STONE, H. P. 37 (merchant) (MD MD MD), L. E. 31 (wife) (T NC NC), L. E. 11 (dau), C. 9 (dau), N. 7 (dau), Bessie 5, Nellie 3, Carrie 1; OFFET, J. B. 42 (merchant) (MD MD MD)
218. HEART, D. 65 (T NC VA), E. L. 46 (wife), R. H. 17 (son) (clerk in store), J. C. 13 (son), J. T. 11 (son)
219. HOLLINGSWORTH, R. 42 (merchant), M. A. 28 (wife) (KY VA KY), G. E. 8 (son), Will H. 7 (T T KY), M. E. 4 (dau) (T T T), L. M. 2 (dau) (T T KY)
220. DE TAVERNIER, F. 45 (Prussia Prussia Prussia Prussia), Susie 45 (wife) (T VA T), Annie 13; WILHOIT, S. 22 (servant--cook in hotel)
221. WHEELER, M. D. 42 (merchant) (T T VA), Emma 25 (wife) (T T GA), R. E. 2 (son), J. H. 1/2 (b. Jan); SHARP, Mary (B) 25 (servant); WHEELER, J. E. (W) 31 (depot agt) (T T VA); BOWMAN, L. 25 (m) (clerk in store)
222. DAVIS, E. 39 (widow), J. 16 (son) (KY T T), J. M. 7 (son) (T), M. E. 4 (dau)
223. BARLOW, D. 50 (widower) (GA GA GA), H. 15 (T GA GA) (son), J. 13 (dau), E. 11 (dau), Joe 8, J. 5 (son)
224. YOUNT, Joe 37, B. 26 (wife), E. 6 (dau), Joe jr. 3, J. F. 1 (son)
225. & 226. GLEASON, J. N.? 41 (widow) (VA VA VA), Mary 20 (dau) (VA VA VA), John N. 17 (depot agt ast) (VA), Katie N. 15 (VA), J. W. 13 (dau) (VA), M. D. 10 (son) (NC), D. B. 6 (son) (T)

Page 26, Village of Careyville

227. LANGLEY, John 38 (Canada Fr Fr), C. 38 (wife) (VA VA VA), R. 10 (dau)
230. AULT, J. W. 39 (son--of shom?) (conductor on RR), M. 36 (dau--& wife of J. W.?) (deaf & dumb), J. P. 16 (son), E. 14 (dau), W. 11 (son), H. 8 (son), M. A. 6 (dau), L. U. 3 (dau), D. M. 1/6 (dau); GRANT, Sallie 52 (servant)
231. KINCAID, M. 34 (widow) (T NC NC), A. R. 5 (son), H. L. 3 (dau), M. F. 2 (dau); JOHNSON, Mary 15 (servant--cook)
232. KINCAID, Peter (B) 30 (works in coal m.), M. J. (W) 25 (wife), H. U. 9 (dau)
233. SHULTZ, W. M. 33 (S. machine agt) (VA VA VA), M. E. 28 (NC NC NC) (wife), P. V. 5 (son) (T NC NC), J. R. 3 (son) (T NC NC), L. J. 1 (dau) (T NC NC)
234. SPARKS, M. D. 44 (widow), A. E. 16 (dau), F. B. 13 (dau), R. G. 9 (son), R. L. 7 (dau)
235. SHARP, D. W. 60, S. 65 (wife) (T NC NC), Sillas 23 (son) (T T NC); SMITH, Sterling 85 (g father) (NC NC NC)
236. MILLER, Esaw 55 (works on RR) (T NC T), S. 45 (wife), S. J. 15 (dau), M. 13 (dau), W. 10 (son), F. 7 (son), Huston 2; GORMAN, J. 65 (relationship omitted) (Ire Ire Ire)
237. PRATER, U. 51 (widow) (T VA VA), Annie 16 (dau) (T T VA)
238. SMIDY, Bettie 27 (widow) (T T VA), W. R. 8 (son), J. F. 5 (son), R. A. 2 (dau)

Page 27, Village of Careyville

239. LUMPKINS, W. M. 56 (SC SC SC), J. 27 (wife?), A. B. 14 (son); BOSHEARS, C. 10 (g son)
240. BLACK, M. 28 (engineer) (GA GA GA), Ann 29 (wife), C. F. 2 (son), Nora 1/4 (dau); WHITE, Lou 19 (sis)
241. FIBBS, Wayne 26 (breaks on trains), S. F. 17 (wife), W. D. 2 (son)

CAMPBELL COUNTY (32)

Page 27, Village of Careyville, (cont'd)

242. POTTER, Barb 23 (widow), T. A. 5 (dau) (T NC T), M. B. 4 (dau) (T T T), W. R. 1 (son) (T T T)
243. RICE, John 49, Mary 33 (wife), Clinton 17, Ella 15, J. 10 (son), E. 6 (son), H. 1 (son)
244. SMIDY, James 53 (married) (T VA VA), Wm. 16 (son) (T VA AL), E. 49 (wife) (AL T T), Alice 14, Eliza 11, Archy 9, Maggie 3; KESTERSON, M. J. 24 (dau)
245. GRAHAM, N. 25 (miner), L. C. 23 (wife), Eddie 8, Willie 3, Henry 1/12
246. SPEARS, Dan 37, Queen 30, Dan J. 13, Will 12, Mary 7, George 5, E. 2 (son), Mantia 2 (dau)
247. SMITH, Emily 40 (B) (widow); NATHAN, Wm. 50 (relationship omitted) (GA GA GA)
248. BOWLING, Luke 28, S. J. 25 (wife?), B. C. 6 (dau), G. E. 4 (dau), B. C. 2 (dau)

Page 28, Village of Careyville

249. HATMAKER, J. E. 46 (works on RR), A. G. 42 (wife) (T VA T), C. K. 16 (son), J. R. 14 (son), W. E. 11 (son), Mary 9
250. CRAIG, John 23, C. E. 19 (wife), H. E. 1 (son)
251. RHODES, Mat 39, E. 37 (wife) (VA VA VA), M. A. 16 (dau), C. 15 (dau), W. 13 (son), N. C. 11 (dau), R. E. 7 (dau), J. A. 6 (dau), P. B. 3 (dau), Sue 1
252. WHEELER, J. F. 48 (T T VA), N. E. 47 (wife); QUEENER, C. M. (m) 10 (relationship omitted)
253. McHUGO, J. 49 (Ire Ire Ire), M. A. 41 (wife) (MD Ire Ire), Julia 20 (VA Ire MD), Ella 18 (VA); DILLAN, John 81 (father) (Ire Ire Ire)
253. EDWARDS, M. 50 (widow) (PA PA PA), John 14 (PA PA PA), R. 12 (son) (PA)
254. CHRISMAN, S. W. 32 (breaks on train) (VA VA VA), E. J. 31 (wife), C. H. 10 (son), C. D. 5 (son), J. J. 3 (dau), E. A. 3/4 (b. Oct) (dau), John 20 (bro)
255. GRINDLE, Thos. 40 (Eng Eng Eng), A. 16 (son) (Eng Eng Eng), Mary 15 (dau) (U.S.)
256. RIDENOUR, F. 28, F. S. 20 (wife), M. A. 3 (dau), H. M. 3/4 (son); ADKINS, Ellen 12 (sis)
257. & 258. HORTON, F. D. 27, M. J. 26 (wife), R. M. 4 (son), F. C. 2 (dau), Willie 15 (bro)

Page 29, Village of Careyville

259. CODY, Nancy 38 (VA VA VA), J. E. 15 (son) (T MD VA), R. E. 11 (dau), W. R. 8 (son)
260. MOZINGO, N. 30 (f), Lustre 14 (dau), Betsy 10 (dau); CHAPWAUL, Tennie 6 (dau), Nannie 4 (dau)

Page 29, District 4

261. HUNLEY, R. M. 30 (m)
262. GREIZELLE, J. 69, M. 62 (wife) (FR FR FR), J. R. 22 (son) (T Fr Fr), M. E. 20 (dau), R. M. 18 (son), C. L. 16 (son), Mollie? 12, L. 9 (son)
263. NULEUER?, J. 44, M. 32 (wife), W. R. 12 (son) (crippled), Julia 10 (crippled), Sarah 9 (crippled), C. A. 7 (son), John 3, I. 1/2 (dau)
264. JOHNSON, Wm. 55, Nancy 75 (wife); WILHOIT, Sallie 19 (servant); WOOTSON?, M. J. (B) 16 (servant)
264. [included in 264 above but apparently a separate family]
    MILLER, Kizzie 55 (widow), Bitha 25 (dau), Celia 18 (dau), Lemuel 1/2 (son)
265. LINDSAY, C. A. 64, V. 55 (wife), W. W. 25 (son), H. B. 23 (son), S. C. 20 (dau), R. M. 18 (son)
266. LINDSAY, J. S. 56 (T VA VA), C. 53 (wife), Wm. M. 24, S. L. 20, Lucky 17 (son), Archy 16, Mattie 12, H. E. 9 (dau), Leon 7

CAMPBELL COUNTY (33)

Page 30, District 4

KEENEY, W. M. 30, A. D. 25 (wife) (unnumbered)
BAIRD, A. 30, N. 29 (wife), A. 12 (dau), B. 8 (dau), C. 4 (dau) (unnumbered)
WILLIAMS, Jas. 67 (T T SC), R. 64 (wife), Lizzie 23, Harriet (B) 25 (servant--
    cook) (unnumbered)

Page 1, District 5

1. SMITH, John 27, Sarah 27, Charles 11/12 (b. Jun)
2. MARS, James I.? 77 (VA Eng Eng), Mariah 81 (VA VA VA)
3. AYRES, William 61 (T VA T), Sarah 52 (T Eng VA), Josie 15, Loucinda 13,
    Shearman 13, Sheridan 12, Dora 9
4. MARS, WEllington 48, Emily 30 (wife), Bascom 18, James J. 15, Elizabeth
    12, B. Franklin 8, Jacob T. 4, Bessie F. 2, Charles 4/12 (b. Jan)
5. PAUL, Lindy J. 60 (f) (VA VA VA), Wesley 23 (son), John 18 (son), Joseph 87
    (father) (rheumatism) (VA VA VA), Betsy 77 (wife) (VA VA VA)
6. MYERS, Jordan (B) 33, Nancy 25
7. MYERS, Arcabald 44, Nannie E. 33 (wife), Mary M. 11, Mattie E. 9, Ginnie B.
    7, Anna J. 2, Nannie E. 9/12; KINCAID, Martha (B) 40 (servant) (SC SC
    SC), Lavina 3 (dau) (T SC SC)
9. FORD, Boon 23 (MO T T), Sarah J. 18 (KY T KY), Luther 1
10. MAUPIN, Henry 53 (VA VA VA), Hester A. 45 (T T AL), Tennessee 20, Robert 15,
    Ayres 13, Florence 10
10. MAUPIN, William 25 (T VA T), Elizabeth 23, Lafayett 2, Franklin 2/12 (b. Mar)

Page 2, District 5

11. WILSON, Enos 30, Sarah 29, Henry 9, Sarah 7, Columbus 5, Martha 3, Mary 3,
    Ivin 9/12 (b. May)
12. IVY, Leander (Mu) 30, Jane 31, Harvy 9 (dau?), Mary 7, Lindy 2 (dau)
13. IVY, James (Mu) 22, Nancy J. 17
14. IVY, Robert (Mu) 56 (T SC T), Magaret (W) 50 (wife), Sarah E. (Mu) 23,
    Florence 16, Olivia L. 16, Franklin 14, James H. 13, Masouria 11,
    Annie L. 9
15. MAUPIN, John 23 (T VA VA), Arena (Mu) 23 (wife) (married within yr)
16. BOWLIN, Enoch (Mu) 35, Rachel 29, Sousan 12, Cordelia 9, Lorthurgy 7 (son),
    Henry O. 6, Elizabeth 3, Olivia J. 1; IVY, Elisha 36 (boarding)
    (retired brick mason) (diabetes--crippled)
17. IVY, Hagam (Mu) 16, Josaphine 22 (wife)
18. IVY, John A. (Mu) 26, Mary 27 (wife)
19. MILLER, Frank 69 (T VA T), Polly 73 (VA VA Ire)
20. RIGGS, William 52 (T VA VA), Catharine 45 (T T VA), Thomas 21, Mary 10,
    Nancy J. 6
21. & 22. CHAPMAN, Joel 65 (VA VA VA), Margaret 60 (SC NC NC), Harvy 23, John 21,
    Alfred 17, Achabald 15, James 15 (T VA VA)

Page 3, District 5

23. IVY, Nancy 47 (widow), Easter (Mu) 17 (dau), Willace 14, Mary 12, Josaphine
    9, Love 6 (dau), John 6/12 (b. Dec)
24. RIGGS, Samuel 43, Hesteran 35, Alvis 10, Kizie 14 (dau), Jane 7, Harvy 5,
    Bell 3, Grant 3/12 (b. Feb)
25. SUTTON, Marthy 47 (widow), Mary 24, James 18 (blind), Charles 15, George 6
26. IVY, James (Mu) 39, Betsy (W) 39 (wife), William (Mu) 12, James H. 10,
    Harvy 8, Alvis G. 7, Arena 3, Helan 2, Polly 45 (widow) (boarding)
27. IVY, William 25 (Mu), Jane 22
28. MALICOTE, Elbert 24, Loucinda 20, Andrew 2

CAMPBELL COUNTY (34)

Page 3, District 5 (cont'd)

29. IVUS, John 43, Sarah E. 20 (wife) (T AL T), Newton J. 5/12 (b. Dec)
30. PAUL, John 54 (T VA VA), Elizabeth 37 (wife) (NC NC NC), Alis 10 (dau), Janie 10, Nancy 4, Lovany 2, Alvis 1/12 (b. Apr)
31. SHARP, William 33, Manervy 22 (wife), Joseph M. 4, Rufus 2, Jane 2/12 (b. Apr)

Page 4, District 5

32. EAST, Charles 27 (VA VA VA), Sarah 30, John 3, Annie 2
33. EAST, Thomas 77 (VA VA VA), Elizabeth 70 (VA VA VA), Mary 30 (VA), Frances 28 (VA)
34. CHAPMAN, Alvis 29 (T VA T), Mary Jane 24 (T VA T), Florence 9, Elee Jane 4, Lizie 2, John R. 4/12 (b. Feb)
35. STEVENS, Ephragm (Mu) 52 (blacksmith), Mary Ann 37 (wife), Mashac 22, Florence 19; DUNHAM, Jefferson (B) 50 (boarder) (coall diging) (KY KY KY)
36. SPOCKS, James 74 (NC NC NC), Kisirah 64 (wife) (palsied) (T NC T), Elizabeth 34 (divorced) (T NC NC), Matison 1 (g son)
37. NIGHT, John 57 (keeps grist mill) (SC SC SC), Jane 50 (SC SC SC), Ivin 23, John 18, James 15, Gustavous 10, Lizie 12
38. FORD, Randolph 21, Barbrah 22 (VA VA VA), Silas 8/12 (b. Jun)
39. IVY, Huston (Mu) 47, Mary 46, Sherman 16, Ashly 14, Sally 11, Robert 6, Maynard 5, Roland 3, Sally 68 (g mother)
40. PAUL, James 35 (T T VA), Nancy 24, Sally 2, James F. 1

Page 5, District 5

41. LONGMIRE, Oliver 37, Mandy 34, Henry 13, Ann 10, Lassie 5, Asberry 1
42. ELLIS, Zachriah (B) 24, Betty 30 (wife), Henry W. 2, Harvy 1
43. RICARDSON, Frank 49 (minster) (T VA VA), Elizabeth 48, Sallie 23, Lou Em 20, Mary F. 19, Laban S. 17 (NC), Frank W. 15 (NC), Henry W. 13 (NC), Anna I.? 11 (NC), Leila L. 1 (T)
44. WALKER, Wilson 35, Nervy I. 33 (wife), Annie 15, Mary J. 12, Robert 9, Lizie 6, Jora Elen 2
45. CARREL, Matison 50, Carline 30 (wife) (KY VA KY), Sousan C. 13, Josie A. 10, Margaret 6, John 2; HOLT, Edy 55 (g mother) (screfula-blind) (KY KY KY), Charloty 30 (dau) (KY KY KY)
46. MALICOTE, John 53, Sousan 45, Elizabeth 19, Mary J. 14, Catharine 12, John 9, Sousan 6, Tennessee 5, Thomas J. 3
47. CRAWFORD, William 50 (VA VA VA), Emily 32 (wife) (T VA NC), James 15, Martha 12, William 10, Mary 8

Page 6, District 5

48. TILLER, Wyley 50, Lucinda 52, Alis 21 (dau), Jackson 20, William 18, Henry 16, Franklin 13, Fancis [sic] 13
49. TILLER, Nathaniel 24, Jinny 22, Rosco 1
50. KINCAID, John (B) 64 (T VA VA), Sousan 24 (wife) (KY KY KY), Elio 1
51. WILSON, Henry 59 (T T VA), Sarah 58, Lewis 34 (stiff ankle), Bettie 24, Sarah 21, Jeramiah 18
52. STRATON, John 20 (married with yr), Sousan 16 (wife)
53. JONES, Thomas 50, Eliza 37 (wife), Jane 15, Andrew 12, Calvin 10, Thomas 7, Cordelia 6, Henry 3, Alonzo 1; WILSON, William 4 (g son) [not clear whether last individual here belongs in this household; he was listed first]
54. KINCAID, Milly (B) 55 (VA VA VA), Harvey 23 (son) (T T VA), Lucy Ann 11
55. WALKER, Elijah 35, Bettie 36, James 12, William 10, Thomas 9, Martha E. 3
56. RAY, Martha 35 (married), William 14 (son), James 12, Mathew 10, Robert 8, Mary 6, Calvin 4, John 2

CAMPBELL COUNTY (35)

Page 7, District 5

58. CONDRAY, Paris 35, Louisa 31, Lasiephine? 11, Bethany 8, Hugh 6/12 (b. Dec), Rebecky 71 (g mother); MONROE, Howard 18 (nephew)
59. SHARP, Silas 33, Anna E. 29 (NC VA NC), Magie 10, Robert H. 9, May 7, Anna 3, Laban K. 1; NASH, Matilda 22 (servant)
60. MYERS, Isac 78 (T VA VA), Mrgret 68 (T VA VA), Franklin 27 (T VA T)
61. KINCAID, James (B) 32, Mary 31, Eliza 9, Casper 7, Jackson 3 (nephew)
62. MOWL, Isac 40, Nancy 35, Lucinda 15, Sally 11, Lucy 9, Crecy 7 (dau), Frances 3, Franklin 8/12; KINCAID, Nancy (B) 8 (servant)
63. HUSBARD, Willace (Mu) 45, Polly 49
64. CATES, Andrew 28, Nancy J. 27 (Mu), William 11, Eliza 9, Florence 7, Mollie 5, John 3, Ann 1
65. PAUL, Jackson 48 (T VA VA), Malinda 38 (VA T VA), Wyley 18, William 16, Catharine 15 (s dau), Jane 11 (dau), Ann 9, Joseph 5, Martin 2

Page 8, District 5

66. MYERS, Milton (B) 26 (T NC T), Sally 20 (SC SC SC), Franklin 3, William 5/12 (b. Jan)
67. MYERS, William (B) 24, Sousan 18
68. SMITH, James 31, Love 27 (wife) (T OH T), Martha A. 9, Sally 5, John 3, Mary 3/12 (b. Feb)
69. SMITH, John 61, Martha 55, Sarah 20, Mary 17, Henry 11; DOSSETT, Wealthy 90 (mother) (T NC NC)
70. SMITH, Brice 39, Franky 26 (wife), Honley 6 (son), Martha A. 4, Archabald 2
71. SHARP, Casper 24, Emma 18, Lula 1
72. MILLER, Martin (B) 20, Mary 19, Jane 1?, Lee 10/12 (b. Jan) (son)
73. GREER, Rosanah 41 (widow) (T NC VA), John 18, Sarah 16, Mrgaret 12, Elizabeth 9, Hesterann 9, July 6, Ida 1
74. SHARP, Squire (B) 35, Sarah 35, Louann 13, Elizabeth 12, Paris 10, Florence 9, Martha 8, Bell 6, Mary 4, Cordelea 3; RICHARDSON, Lou (W) 44 (sis)

Page 9, District 5

75. BRUMMET, David 26 (blacksmith), Harriet 42 (T NC NC), Nancy J. 19, Mary 14, John E. 10, Alis 7 (dau), Charls 5, Henry 3, David F. 5/12 (b. Jan)
76. BRUMMIT, George 21, Nancy 21 (T NC T)
77. BRUMMIT, Hitch 31 (coal digger) (crippled), Sarah 22, John A. 8 (son), Sousan 67 (mother)
78. DOUGLASS, John 48, Catharine 46, Mary J. 19, Nancy Ann 16, Jully Elen 12; FORD, Thomas 22 (boarder)
79. FORD, Wilson 33, Loucinda 57 (wife); BURRASS, Marintha 49 (g mother)
80. BURASS, Liza J. 22 (divorced), Charley 5 (son), William 3, Benjamin 14 (son) (T OH T)
81. VILET, William 21 (T KY VA), Elizabeth 28 (wife), John 17 (son), Franklin 11 (son), James 9 (son), Louisa 6 (dau), Rushia 10 (dau)
82. WILHITE, John 28, Mary 27, Elen 9, James H. 6, Henry F. 5, Nancy L. 2, Sarah E. 7/12 (b. Dec)
83. DAVID, Neal 58 (VA Ire T), Lucinda 50 (T SC VA), David 24, John 22, William 18, Cumins 14, Rufus 12, Andrew 10, Margaret 20 (dau)

Page 10, District 5

84. WALKER, James 44 (T VA T), Cynthia 44, John F. 20, Mary L. 18, Hanah 14, Lassie 11, Robert L. 9, James M. 6
85. DAVIS, William 60 (T VA T), Matilda 36 (wife), William 17, Ralph 14, Charles 11, Mary 10, Mikel 7

CAMPBELL COUNTY (36)

Page 10, District 5 (cont'd)

86. WILLABY, Elbert 45, Mandy (Mu) 46 (wife) (T T NC), Martha J. 2], Calestine 17, Sarah E. 14, Nancy 11, Mary J. 9, Alis 6 (dau)
87. HIETT, John 45 (T NC T), Sarah 24 (wife) (T NC NC)
87. (this group listed with 87 above, but obviously a separate family) RICHARDSON, Daniel 62, Mary 62, Mary 23, Nancy 13 (g dau), Daniel 12 (g son), Mary J. 8 (g dau); WILHITE, George 32 (idiotic) (relationship omitted)
88. SMITHSON, Bashy 37 (married), Elizabeth 20 (dau), Catharine 9, Thomas 7, Eliza 5, Tennessee 3, Texas 3 (dau)
89. ROWE, Gabrel (B) 24 (work on RR) (VA VA VA), Sarah 23, Ann 1, James 1
90. MYERS, Richard (B) 56 (NC NC NC), Melvina 36 (wife) (T T VA); FISHER, John 8 (nephew) (T VA T)
91. GRAY, Joseph 57, Rosanah 50 (KY KY KY), David 29, Joseph 20, Martha 15, Thomas 7, Anna 5

Page 11, District 5

92. SUMERS, Loranza 42, Mandy 38 (wife), William 18, George 16
93. HAIL, George 49, Alis 44 (wife), Nancy 24, Olevia 22, David 18, Jane 14, Easter 12, Peter 10, Eliza 6, Alis 4, George 2
94. ROMINE, Nancy (Mu) 65 (widow) (NC NC NC), Betsy 28 (dau) (T NC NC)
95. CAMPBELL, Hughes 28 (NC T T), Stacie 28 (NC VA VA), William R. 5 (T T NC), Elizabeth 4 (T T NC), George C. 1 (T T NC)
96. PAUL, Joseph 24, Sarah 28, Henry 4, Columbus 3, Rachel 6/12 (b. Dec)
97. HAIL, Killas 53, Pasy 50 (wife), Rachel 20, Elijah 21, Lucinda 16, Sherman 18, George 14
98. HAMPTON, Lidy 81 (widow) (NC Ire Ire), Henry 33 (keeping grist mill) (T NC NC), Rebecca 54 (dau) (T NC NC)
99. SHARP, David 78 (T NC NC), Mary 58 (wife)
100. HARRIS, William 36, Mary 26, Anna J. 14 (dau), Harvy 12, Martha 7, Hanah 3
101. FORD, Isac 52, Mahala 53 (T NC NC), Alice 23, Thursey 19, Commet 16 (son), Thornton 14

Page 12, District 5

102. WILLHITE, Lemuel 33 (married within yr), Mary 38 (wife)
103. WILLHITE, Benjamin 62 (T NC KY), Elmira 58, David 31
104. HENDERSON, Walker L. 37, Elun 27, Mary 9
105. WATTERS, Joseph 29, Mary 28, Martha 5, Henry 3, Francis 1
106. WATERS, Gamon? 34, Martha 32 (wife), John 4, Lizie J. 1
107. WATTERS, Elizabeth 68 (widow) (T NC NC), Jane 40, Melvina 37, Mary 9 (g dau)
108. WALKER, John 43, Rachel 43, Olevia 17, Martha 15, Thomas 14, Jane 11; HARRIS, Hanah 71 (g mother)
109. MULINS, Robert 39 (T NC T), Emily 40, Casper 11, James 8; SHARP, Anna 71 (g mother)
110. CARSON, Isac 59 (NC NC NC), Martha 56 (NC NC NC), John 34 (GA), Melvina 32 (wife) (GA NC NC), Jane 9, Milton 5, Isac 3, Elie 1 (son)
111. QUEENER, Jane 33 (widow) (T NC T), Mariann? 12, John 11
112. GERMAN, Grandvill 38, Darthuly 38 (T VA NC), John 20, William 19

Page 13, District 5

113. SUTTLE, William 41 (NC NC NC), Charles (son) 10 (KY NC T), Larkin 9 (KY), Richard 5 (arm dislocated) (KY NC T)
114. MURRY, Steven 51, Mary 44 (T VA T), Thomas 16, Wyley 14, Ann 13, Catharine 11, Marshall 8, Florence 6, Margaret 7/12 (b. Nov)
115. MURRY, Tobitha 24, Mary 6 (dau)
116. MURRY, Paris 22 (f), Harvy 1 (son)

CAMPBELL COUNTY (37)

Page 13, District 5 (cont'd)

117. WRIGHT, Catharine 42 (widow), William 26, George 23, Maynard 19, Margaret 18, Bell 13
118. WILSON, Squire 28, Nancy 26, Emily 3
119. MYERS, John 50, Sarah 40, Millard 20, George 16, Margaret 13, Manervy 11, Mary 9, Elen 7, Lula 3
120. MALICOTE, John 30, Frony 30 (wife), Laban 3, Franklin 1; BOWMAN, William 24 (no relation) (merchant) (KY T KY)
121. SHARP, Henry 52, Sarah 48; PETRY, Lizie 8 (not related); MURRY, Thomas 59 (no relation)
122. PAUL, Richard 45, Nancy 37, Maggie 11, John 9, Sarozers 7 (son), Thursy 5, Victory 3

Page 14, District 5

123. KINCAID, Alvis 35 (merchant), Ann E. 31 (heart disease), Maggie G. 12, Bettie S. 10, Ginnie H. 6
124. LINART, Charles 48 (merchant), Elizabeth 34 (wife), Joseph 2/12 (b. Apr)
125. SUTTON, Henry 37 (KY OH KY), Eleanora 9 (dau) (T KY T), William H. 5, Helen 4, John R. 2, Merrija? 1 (dau); SUTTON, Jane 68 (mother) (KY VA VA)
126. CLANTON, Levi 44 (blacksmith) (NC VA Saxony), Frances 44 (NC NC NC), William A. 26 (running RR) (NC), Salina 15 (SC), Emily 13 (SC), Edward 10 (T), Pernelopa 7, Levi 4

Page 15, District 6, Village of Fincastle

127. HAMPTON, George 45 (blacksmith) (T NC NC), Loucinda 32 (wife), Mary 11, James 9
128. LEE, Henry S. 24 (minister) (GA NY VA), Fanny N. 23, Daniel K. 2, Nannie M. 3/12 (b. Mar)
129. PETREE, Sally 54 (widow) (T VA VA), Maggie 25, Andrew 22, Layfayette 21, Socrates 19, Letitia 15
130. MILLER, Charles 47 (minister) (VA VA VA), Amanda 36 (VA VA NC), Cora 13 (VA), James 10 (VA), William 8 (T), Charles O. 6, Virginia 3
131. KINCAID, George (B) 36, Nancy 33
132. POWERS, Michael 56 (stone mason) (VA VA VA), Celee Sue 54, Hawkins 25, Barton 22, Analiza 4 (g dau)
133. KINCAID, Pattie 38 (widow) (T VA VA), Hue 17, Hettie 13, John M. 10
134. IVY, Nancy 87 (Mu) (widow) (deaf & dumb) (SC SC SC), Dan 38 (son) (_____ in shoe shop) (deaf & dumb) (T SC SC), Nancy 35 (T SC SC)
135. IVY, Joseph 50 (T SC SC), Elizabeth 30 (wife) (T NC T)
136. MEADOR, John 52, Emily J. 35 (wife), Houk? 18 (nephew)
137. GRIGORY, Mary 39, Sarah 37 (sis)
138. EAST, Richard 35 (house carpenter) (VA VA VA), Sally 34, Luther 5, Frances I. 3, Viola 9/12 (b. Aug)
139. BOATRIGHT, Thomas 34 (house carpenter), Louisa 31, Rutha 12, Lony 9 (dau), Texas 5 (dau)

Page 16, District 6

140. CHAPMAN, John 70 (VA VA VA), Elizabeth 44 (dau) (T VA T), Martha 40, Manervy 37, Joseph 31
141. MEADOR, Jason 44, Helen 25 (wife) (T IA T), Nancy C. 8, Thomas L. 5, Mary 2, Martha 18 (niece)
142. IVY, Alexander (Mu) 23, Sally 20 (T OH T), John 3, Bell 1

CAMPBELL COUNTY (38)

Page 16, District 6 (continued)

143. CHAPMAN, Sally 70 (T VA VA), WILHITE, Ginny 65 (sis) (T VA VA), MEADOR, Thomas 39, Mary 35 (wife) (T VA T), (relationship of Meadors to Chapman omitted)
144. NASH, Jackson 48, Mary 37, William 21, Benjamine 18, Sherman 16, Henry 14, James 12, Emily 10, Elizabeth 6
145. ARTHER, Silas 40, Manervy 34, James 19, Hank 15
146. IVUS, William 59, Franky 46, Delila 18, Sally 16, Alvis 13, Mary 10, RIGS, Rachel 65 (mother)
147. WEALCH, Sterlin 52 (T VA T), Charmi (Mu) 36 (wife), Robert 12, Alis 7 (dau), Mary 6, Kelly 1

Page 17, District 6

148. IVUS, William 21, Rody 26 (wife), Harvy 6, John 3, Casper 1
149. DAVIS, Betsy 63 (T MD NC), Sally 60 (sis) (T MD NC), IVUS, John 23 (relationship omitted), Franky 26 (wife)
150. COOPER, James? 81 (retired merchant) (T VA T), Lavina 63 (wife), Frank 34
151. THOMSON, Levi 45 (T NC T), Elizabeth 34 (wife) (T VA VA), William 14, Richard 13, John 12, Nancie 10, Bettie 4 (s dau), Joseph 4/12 (b. Mar)
152. SMITH, Arcabald 49, Peggy 48, Mary 22, Alis 15 (dau) (MO MO MO), Florence 13 (MO MO MO), Osker 7 (T T T), Martha 19 (dau) (MO T T), Dora 4 (T T T)
153. ALEXANDER, Cumins 50 (VA Ire VA), Martha 30 (wife), Frank 18, Huffaker 14, Gillie 14 (dau), Henry 11, Etolia 6 (dau), Sally 5, Lillie 2
154. SMITH, John M. 27 (NC NC NC), Mary A. 25
155. DOSSETT, William 53 (T NC T), Peleriah 40 (wife) (T VA T), Eliza 21 (dau) (VA VA T), William 18 (VA VA T), Ann 14 (VA VA T), Martha 11 (VA VA T), Andrew 8 (T VA T)
156. McCULLY, John 19, Nancy 24 (wife) (T VA T), William E. 8/12 (b. Sep), ELLIS, George 30 (relationship omitted) (VA VA T)

Page 18, District 6

157. ELLIS, Peter H. 26 (insane) (T VA T), Fanny 26 (LA LA LA)
158. MILLER, Nancy 80 (widow) (VA VA VA), David C. 28 (g son)
158. (this is clearly a separate family but was included in 158 above)
    BRATCHER, Elizabeth 37 (widow) (T VA VA), July A. 12 (dau), Joseph O. 7, John 4 (T VA T)
159. OWENS, Washington 31 (T T VA), Love 26 (wife), Martha 6, Laura 5, Bettie 2, Mossie 6/12 (b. Dec) (dau)
160. SMITH, Jackson 38, Isabel 32, Emmett S. 11, Cora 8, Isac F. 7, Alexander 5, Jessie L. 2 (dau), Emily 8/12 (b. Oct)
161. SMITH, Alexander 61 (T VA VA), Sunner 57 (wife) (T VA VA), Thomas 21 (nephew)
162. GRIGORY, John 37 (T GA NC), July 32 (wife) (AL T AL), CAMPBELL, Nancy 16 (sis) (T MD AL)
163. GREEN, Grigory 29 (T GA T), Cornelia 28, Nelson 12, Sally 9, William 7, Alvis 3 (son)
164. MILLER, Jordan 51 (rheumatism) (T VA VA), Patsy 55 (sis) (T VA VA), Nancy 48 (sis) (T VA VA), Harvy 35 (bro) (T T VA)
165. MILLER, Creed 33 (bro--of 164?) (T T VA), Mary 22 (wife), Alexander 4, Ruford 2, Helen 2/12 (b. Mar), JONES, Sarah 21 (niece) (T VA T), GLEN, William 20 (nephew), WELCH, Jehugh 13 (nephew), POWEL, Matison 23 (relationship omitted) (shoe & boot maker)
166. STRATON, Ann 45 (widow) (VA VA VA), Thomas 17 (VA VA VA), Henry 15 (VA), Elizabeth 12 (VA), Harvy 9 (T), Mary 9, Alexander 6

Page 19, District 6

167. CARREL, William 50, Melvina 26 (wife)
167. ELISON, Dolly (B) 66 (widow), WHEELER, Jane 44 (dau) (widow) (T KY T), Helen 11 (dau) (T KY T), Eliza 3 (dau) (T T T), GEORGE, Bery 15 (g son) (KY KY T) (this family was included in 167 above, but seems to be a separate entity)
168. SPARKS, Matison 43 (T NC T), Catherine 50 (wife), Isac 18, Steven 16, James 13
169. SMITH, Franklin 24, Sally 20, Bell 2, Alis Via 11/12 (b. Jun) (dau)
170. RIGGS, Sias (sic) 49, Jane 30 (wife), George W. 16, William 14, Nancy 12, Feby 10, Mary 7, Sarah 4, Haze 8/12 (son)
171. McFARLEN, Thomas 44 (KY VA T), Angeline 21 (wife) (VA VA VA)
172. STEP, Steven 35 (NC NC NC), Sarah 75 (mother) (NC NC NC), Nancy 30 (dau) (NC NC NC), Sophiah 12 (dau) (T T NC), Delia 10 (dau) (T T NC), Lonzo 2 (son) (T T NC), Margaret 28 (mother) (NC NC NC)
173. KECEY?, Chapman 22, Elem 24 (wife) (IA? T T), Thomas 3, Florence 1
174. SUTTON, Hugh 21, Mandy 17 (wife), July 1/12 (b. Apr) (dau)
175. SHELVEY, Mary 43 (widow) (T T NC), James 20, Rufus L. 14, Sarah C. 9, Isac 6, STEP, Jane 35 (NC NC NC), Robert 10 (son--of Jane) (T T NC), Washington 6 (son), Mitchel 2 (son)

Page 20, District 6

176. GOINS, Alvis 27, Carline 25, William W. 5, Minny M. 2, James T. 4/12 (b. Feb)
177. WELLS, John 54 (T NC NC), Sela 45 (T NC NC), Mary 30 (dau) (T T NC), Elen 21 (T NC NC), Mandy 18 (T T NC), Elvina 16 (T T NC), Ida 14 (T T T), Emma 12, Rosanah 9, John E. 6, Savena 10 (g dau)
178. WELLS, Elijah 23, America 18
179. MILLER, James 59, Nancy 45, Mary 23, Ruthy 19, Thomas 17, Jacob 6, Bell 4
180. BALEY, Frank 32, Nancy 26, Thomas 8, Maron 6, William 4
181. IRWIN, George 33, Martha 33 (VA VA VA)
182. GOINS, Franklin 26 (T VA T), Sally 28, James M. 7, Preston 6, Laura 4, Euricus 1
183. McCULLY, William 48, Elizabeth 47, Whitthoron? 13, Henry 8
184. GOINS, Thomas 20, Elizabeth 17

Page 21, District 6

185. POLSTON, Tompson 46 (house carpenter) (VA VA VA), Isibolle 25 (wife) (VA VA VA), Alis V. 7 (dau), Ama E. 5, Joseph L. 3, Rosa B. 2, Andrew 2/12 (b. Apr), BILITER, Nancy 57 (aunt) (VA VA NC)
186. MILLER, Ashly 50 (rheumatism) (VA VA VA), Elizabeth 47, Andrew 16, Mahaly 18, Jason 14
187. McNEAL, John 36 (VA Scot VA), Margaret 25 (wife) (T VA T), William 6, Minny 4, Robert 1
188. SMITH, Nancy 53 (widow), Euricus 22, Ann 18, Nancy 16, Cicero 14, Wyatte 12, Robert 4
189. GOINS, Wyette 27, Feby 36 (wife), Marcillas 9, Jane 8, Marshall 5, Lony 4 (dau), Hester A. 2
190. IVY, John (Mu) 20, Angeline 20, Hugh 1
191. MILLER, Frank 21 (T VA T), Mary J. 21, Alvis 10/12 (b. Jul) (son), Haly 20 (sis)
192. MILLER, Mandy (Mu) 24 (widow), Jane 4, John 3, Jackson 1/12 (b. Apr)
193. McCULLY, Catharine (Mu) 22, Louis 19 (bro), Love 17 (sis), Dee 12 (bro), Thomas 10 (bro), Luster 3 (niece)

CAMPBELL COUNTY (40)

Page 22, District 6

194. DAVIS, John 40 (T __ __), Jane 30 (VA VA VA), Tennessee 14, Josph 12 (dau), William C. 11 (VA), George F. 9 (VA), Robert L. 6 (VA), Caroline 4 (T), Harry S. 1
195. SMITH, William 55 (T NC T), Bettie 49, Florace T. 23, Whitthorn 19, McCULLY, Andrew (Mu) 14 (no connect), REINS, Jackson (Mu) 6 (no connect)
196. KINCAID, Isac (B) 20, Mahaly 22 (VA VA VA), Bettie 8/12 (b. Sep), Lassee 15 (sis)
197. BROILS, James 35 (VA VA VA), Martha 33 (VA VA VA), Laurvia? 12 (VA), Robert 7 (T), Emond 5 (son), Thomas 3, Cora 1
198. KINCAID, Sneed 26, Sally 23 (VA VA T), John G. 5, James W. 3
199. LARGE, Thomas 59 (T NC T), Martha 57 (NC NC NC), HILL, Lize (f) 30 (servant)
200. HOLLINGSWORTH, James 33 (T MD T), Mary 26, Lassie 10 (MO?), Henry 8 (T), Lilly M. 7, Nannie 6, Sally 4, Martha 2, Maggie J. 3/12 (b. Mar)
201. McCULLY, Harvy 31, Rody 21 (wife), Peter 1
202. WOODSON, Eliza 62 (widow) (T VA T), America 32 (dau) (T VA T), Lucy O. 20 (T VA T), Hanah (B) 62 (servant)
203. WOODSON, Lucy (B) 37, Dan 19 (son), Ella 10 (dau), Hugh 6 (son), Cordelia 4 (dau)

Page 23, District 6

204. EAST, James 39 (VA VA VA), Sarah 26 (wife) (T VA T), Chelcia D. 6, George T. 5, Obedience 2
205. WILABY, Preston (Mu) 19 Kizie 17 (wife)
206. ORIO, John 49, Catharine 23, Martha 14, Mandy 12, Alvis 10 (son), Cumins 7, Love 1 (dau), Robert 21 (son), John 16 (son)
206. SMITH, Anthony 26, William 8, Jones? 5, Florence 3
207. CAIN, Lavina (B) 60 (AL AL AL), Mary 13 (dau) (T T AL), Robert 7 (T T AL), Martha 18 (dau) (T T AL), Olivia 23 (mother--of following children?) (T T AL), James 6 (son), William 4 (son), Minny 1 (dau), CAIN, Elen 6 (g dau)
208. BOID, Charles 78 (VA PA VA), Mahaly 75 (VA VA VA), Charles 30 (relationship omitted) (T PA VA), Eliza 25 (wife), William 6 (son), Mahaly 2 (dau), America 1 (dau)
209. SMITH, Horrace 47 (T NC T), Sophia 39, William L. 21 (clerk in dry goods), Bettie E. 19, Elliott P. 18, Samuel 16, Helen S. 12, Florren A. 8 (dau), Mary O. 3
209. MAUPIN, Sally 43 (widow), Marthy 24, Ayres 20 (MO), Ann 17 (MO), Evvy 14 (MO), Franklin 12 (T), William 5

Page 24, District 6

210. SHARP, William 64 (paralysis), July 52 (wife) (T VA VA), John? 24, Bradly 22, Louisa 20, Bell 18, Mary 16, Eller 8, John 90 (g father), WILSON, Jessee (B) 21 (no relation)
211. SMITH, Lee 25, Elizabeth 24, Amos 8, James 2/12 (b. Mar)
212. WOODSON, Andrew 34 (VA VA T), Massie 27 (wife), David Y. 11, Hettie 10, Laurra 8, Willie B. 6 (dau), John 4, Charles 2
213. DICKINSON, George (B) 24, Minty 22 (wife), John 2, OVERTON, Joseph 31 (W) (physician)
214. WOODSON, William 30 (VA VA T), Loucy Ann 29 (VA VA T), Florence 9, Anna 7, Horrace 5, William 2, GRIGORY, Nancy 35 (relationship omitted) (T GA T), McCULLY, Peter 33 (relationship omitted)
215. DOSSETT, Robert 57 (T NC VA), Mary 48 (T NC T), Alfred 24, Florence 22, Luticia 18, Rody 15, Marcillas 14, Robert L. 9, PETERSON, Mary 10 (g dau)

CAMPBELL COUNTY (41)

Page 25, District 6

216. DOSSETT, Ann 52 (widow), William 18
217. PRATER?, John 30 (T VA T), Isakeny? 31 (wife), Mary A. 8, William F. 6,
     Georg Elen 2, Isabell 4
218. CARREL, Henry 35, Mary 33, Andrew 8, Ida 6, Samuel 3, Floid 10/12 (b. Aug)
219. DOSSETT, Isabell 51 (widow) (AL T AL), Julia 21, John 18, Andrew 13
220. CAIN, Jacob (B) 64 (T VA VA), Rachel 70 (wife) (VA VA VA), Euricus 10 (nephew),
     MILLER, Ayres 17 (g son), TOWNSAND, Nancy 82 (g mother)
221. DOSSETT, Thomas 23, Mahaly B. 19
222. DOSSETT, William 34, Jane 34, Sneed 10, Maggie 7
223. DOSSETT, Alfred 67, Rody 48, George 25, Sousan I. 16, SMITH, Preston 37
     (bro in law), MILLER, John 9 (lives with)
224. JONES, Nancy 49, Summer 13 (dau), Marcillas 10 (son), James 7 (son)
225. CAIN, James 27 (T AL AL), Mary 24, Anna 5, Bettie 3
226. BURK, James 28 (VA VA VA), Martha 29 (VA VA VA), Elizabeth 12 (VA), William
     3 (VA), James S. 4/12 (b. Feb) (T)
227. BURK, Mary 21 (sis--of 226?) (married) (VA VA VA), Cordelia 6 (VA VA VA),
     James 4 (VA), Eliza 44 (mother) (VA VA VA), AULBAN?, Jackson 31 (not rel.)
     (VA VA VA)
227. (following was included with 227 above, but evidently is a separate family)
     WILSON, Daniel 31 (pneumonia) (KY KY KY), Sindy 29 (T NC T), Bell 9,
     Mary 7, Owens 5, Marthy 3, Jackson 5/12

Page 26, District 6

228. IRWIN, James 65 (T VA T), Nancy T. 51 (wife), Martha I. 32, Olivia 25, Helen
     22, Nancy T. 19, Rosey 11, James 25
229. WILHITE, Dave 55, Emily 45, Sarah 24, David 21, Franklin 18, Sousan 12,
     Grant 11
230. WILHITE, Rufus 25, Sarah 20, David 2, John 8/12 (b. Sep)
231. ATKINS, William 40, Mary 42, Josie 9 (dau), WRIGHT, John 26 (no rela),
     PHILIPS, Josie 18 (niece), RUSELL, John 3 (neph), Henry 1 (neph)
     (Note: this entire entry was crossed out, with the notation "this
     family is taken off having been enumerated improperly")

Page 1, District 7

1. FERREL, S. O. 51 (T VA T), Mary 45 (VA VA VA), Louesa N. 23 (VA), Martha W.
   21 (VA), Landon 20 (T), Anna E. 18, Alis M. 14 (dau), Victory 10 (dau),
   Dora Belle 8
2. ORICK, James 24, Elisabeth 26, WALDEN, James 18 (relationship omitted for this
   & next individual) (ORICK, Lilly B. 10/12 (b. Jul)
3. CAIN, John F. 49 (T T AL), Mancy E. 46, William 25, James M. 24, Alvis S.
   23, Ayres M. 21, Robert Lee 16, Lafayatt 12, Benjamin F. 11, Ann 9,
   Susan 7
4. ROGES(ROGERS?), Rubin 24, Olive L. 23, Margret E. 2, Brownlow 11/12 (b. Jun),
   Canida H. 16 (bro), SEXTON, William 20 (relationship omitted)
5. CHILDRESS, R. L. 45, Elen S. 44 (T VA VA), James M. 19, Peter G. 15, Alice
   Ann 12, Robert M. 7, William P. 4, Alvis L. 1
6. MOZINGO, Eliza 60 (divorced) (VA VA VA), Mary E. 18 (dau) (T VA VA), CAIN,
   Julia A. 16 (dau) (T VA VA)
7. MOZINGO, Clint R. 40 (T VA VA), Eliza 30, Sarah E. 12, John H. 8, Robert
   6, Monrow 3, Benjamin F. 2, Mary M. 1/12 (b. Apr)

CAMPBELL COUNTY (42)

Page 2, District 7

8. PETREE, Jacob 70 (T PA PA), Elisabeth G. 70 (VA VA VA), MOZINGO, Margret 21 (relationship omitted) (T VA VA)
9. MOZING, William 27 (T VA VA), Elisabeth 26, George W. 11, Puss 10, James M. 5, Benjamin F. 4, Silus W. 1
10. PETREE, George W. 46 (T T VA), Julia A. 47 (T T MD), Olive F. 21, NELSON, George W. 12 (IN T T) (relationship omitted)
11. CLAIBORN, C. M. 31, Manda 28 (wife), William C. 8, Mary E. 4, Etty E. 11/12 (b. Jun)
12. CLAIBORN, J. M. 35, (m), Tenessee 9 (dau), James F. 6 (son)
13. CLAIBORN, Robt. M. 48, Elisabeth R. 44 (VA VA VA), Oty T. 19 (son), Ann E. 21, George W. 16, John H. 12, Robt. R. 5, Edger W. 2, Joseph B. 10/12 (b. Jul), CHILDRESS, Moss 13 (niece)
14. McNEW, William S. 27, Mary Jane 26, Ann 8, Easter Belle 5, Carline Lee 3, James H. 2, Benjamin F. 2/12 (b. Apr)
15. McNEW, John 48, Elisabeth 49, Martha A. 16
16. HILL, Robert 40 (T T VA), Sarah 40, Martha 20, John H. 18, Olive 13, Jane 11, Benjamin F. 4, Mary 16 (niece)

Page 3, District 7

17. CHILDRESS, James M. 37, Marth 38, Sarah J. 17, Brownlow 15, Martha E. 12, Nancy 9, Susan 8, David M. 7, Julia 6, Jorden L. 5, Lillia Ann 2
18. CHILDRESS, Peter M. 30, Mary A. 28, Charles H. 6, Jorden F. 5, Ollevia E. 3, Joseph L. 1, Mary W. 2/12 (b. Apr), Elisabeth 69 (mother) (T VA VA), Peter 26 (cosen)
19. HILL, William 42, Emly J. 39, George W. 13, Calvin 9, Almeda 6; SEXTON, Julia 16 (step dau), Sarah 14 (step dau), Permelia 11 (step dau)
20. PARROT, James M. 35, Elisabeth J. 34, Isabell 2, Robt. A. 1/12 (b. Apr); PAGE, William M. 13 (step son)
21. SMITH, Oty T. 26, Eliza J. 27 (wife); CHILDRESS, John 10 (bro), Elisabeth 46 (mother)
22. KILBORN, Elija C. 53 (NC CT VA), Elisabeth 49 (T VA VA); HILL, James 12 (farm hand); CHILDRESS, Lizzy 9 (boarder)
23. HUBBARD, Marion 35, Mary 31, Temperance 13, Antony R. 10, Jones? F. 7, Alfred B. 4, William A. 2
24. SMITH, John 17, Sarah 16 (wife)

Page 4, District 7

25. SMITH, Martha (widow) (AL T AL), Elisabeth J. 27 (T T AL), John F. 23, Hunly M. 21, Isabel L. 17
26. SMITH, Anderson 50 (blacksmith), Malinda 50 (T NC NC), Elisabeth 22 (consumption), Mahala 18, Lucy A. 10 (g dau), Nan (Mu) 5 (g dau)
27. KINCAID, James (Mu) 23, Elisabeth 21, Florence 7, Moss 5 (dau)
28. COOPER, Calvin 29 (T VA T), Eliza H. 33, John L. 6, William C. 4
29. SMITH, Benjamin 30 (T T AL), Elisabeth 29 (T VA VA), Thomas K. 10, David C. 9, Magie Belle 5, Sarah D. 3
30. DOPETT, John W. 37, Sarah Lee 31, Ann 11, Nancy Young 9, William A. 6, Elisabeth J. 4, Mary Belle 1
31. McGEE, William J. 52 (T T VA), Susan 43, Mary Jane 18, Rebecca A. 16, William H. 15, Sarah E. 11, James A. 9, John F. 7, Lee C. 5 (son), Robet T. 3, Henry H. 1, George W. 13 (nephew)
32. CAIN, Russel 21, Ollevia L. 22

CAMPBELL COUNTY (43)

Page 5, District 7

33. SMITH, Lee J. 48 (merchant), Margret A. 42 (T VA VA), Ann 16, Charles 14, Ericus 9 (son), Belle 8, Florence 6, Horace 2; HILL, Mary 18 (relationship omitted)
34. DOPETT, James 6] (widower) (blacksmith) (T NC T), Elisabeth 24, Elbert 19
35. PATTERSON, Sarah 50 (T VA T), Benjamin F. 18 (son) (T __ T), William 15 (son) (T __ T)
36. CAIN, Nancy 56 (widow), Horace M. 26
37. CLAIBORN, Taylor 33 (son in law--of whom?), Ann 30, William H. 8, Jorden L. 6, John R. 4, James C. 2
38. TWINER, James A. 39 (T VA T), Elisabeth 39, Robert E. 13, Charles S. 12, John L. 9, James A. 7, William H. 5, George F. 2
39. HUBORD, Allen 70 (widower), Nancy J. 24, Obedience A. 18
40. MILLER, Jane 56 (widow) (T VA VA), James P. 27 (merchant) (T VA T), John B. 23, Aganiram J. 17 (son), Robt. R. 16; WOODSON, Charles (B) 11 (servant) (T __ T); McGEE, Jane (W) 17 (servant)
41. MILLER, Wyatt (B) 57 (T VA VA), Freeling 36 (wife), William 20, Mary 18, Eliza 16, John 9, Tennessee 8, Milton 5, Love 4 (dau), Florence 1

Page 6, District 7

49. IVENS, James 59 (T T NC), America 44 (wife), Elisabeth 23; PIERCE, Margret 19 (step dau), Martha 15 (step dau)
50. LUMPKINS, John 23, Permelia 34 (wife) (T NY T), James 4, America T. 1 (dau); MILLER, Thomas 10 (step son), John 9 (step son)
51. LUMPKIN, Pheebe 50 (widow) (T VA VA), James 21, Susan 20, Mary 17
52. SPANGLER, Silvester 51 (VA VA VA), Catharine 51, Thomas J. 9 (T VA VA); DUN, Sarah 22 (step dau), Ann 18 (step dau)
53. WALTON, Caty 56 (widow), Scott 23
54. HILL, Peter 31, Marth 36, Cora tee 7, Martin L. 5, Charles W. 1
55. DUNCAN, Sam 26 (VA VA VA), Serena J. 22 (T VA VA), Benjamin F. 4 (T VA VA), Hiram H. 2 (T VA VA), James A. 8/12 (T VA VA)
56. CARROLL, Mary 50 (widow), Mary 22, Jorden 20, Margret 18; GILBERT, Dick 12 (boarder)
57. HICKS, John 56 (T VA VA), Vesta 40 (wife), Lucinda 15 (step dau) (T T VA)
58. WALKER, Thomas 40 (minister of gospel), Mary J. N. 38, Charles P. 14, Eugenia P. 11, Thomas S. 9, Mary Maud 7, Adela S. 4; BRATCHER, Belle A. 20 (relationship omitted)

Page 7, District 7

42. MILLER, Walter (B) 72 (remetiesm) (VA VA VA), Susan 55 (wife) (T VA VA), Roda 24, Mary Ann 15, Alvis 13
43. SPANGLER, Gustavus 60 (widower) (VA VA VA), George W. 20 (T VA T), William J. 16, Adaline 13, Francis S. 12, Manerva L. 9; SMITH, Tesha 24 (dau); WILLOBEY, George W. 6 (g son), William F. 2 (g son)
44. BRADEN, George sr. 87 (T VA VA), Sarah 86, Mary M. 20 (g dau)
45. BRADEN, George jr. (T VA T), Ann P. 47 (T NC T), Marsilus S. 22 (son), Roda J. 15, Martha A. 13, Sarah E. 11, Mary Emly 8, Florence S. 4; LEWIS, Swan 21 (boarder)
46. WOODSON, Silus 42 (T VA T), Jane 42 (T VA VA), Mary E. 18, John M. 16, Eliza J. 13, Henry C. 10, Alexandra S. 8, Laconer L. 6 (dau); MILLER, Thorngburg 15 (relationship omitted)
47. MILLER, Ann 48 (widow), Russel 26, John M. 24, William M. 23, Summerfield 18 (dau), James P. S. L. 14, Henry P. 12, Martha Ann 10, Helen M. 8
48. BRADEN, George W. 29, Elisabeth 25

CAMPBELL COUNTY (44)

Page 8, District 7

59. BUTLER, Robet 66 (VA VA VA), Thursy 28 (wife), Horrace 3/12 (b. Feb)
60. OWENS, Daniel S. 70, Elisabeth 59 (wife) (VA VA VA), William A. 19, Eliza J. 17, Monrow H. 14
61. SMITH, James E. 36, Cathrine 42 (wife), Sneed M. 12; McNEW, Elisabeth 28 (sis in law)
62. ST. JOHN, John 22, Sarah 25, Franklin B. 11/12
63. LITTLE, Joshua B. 54, Ollevia M. 43 (wife), Joseph C. 22, Margret H. 19, Olevia C. 1y, Nathaniel T. 16, Anna P. 14, Massie O. 12 (dau), Mary Alis 11, Francis S. 9, Leama Ruth 5
64. KINCAID, Rachel (B) 85 (widow) (KY KY KY), Nancy 50 (dau) (KY KY KY)
65. LITTLE, Loueza (B) 35 (GA GA GA), Ann 16 (dau) (T GA GA), May 12 (dau) (T T GA), Dona 10 (T T GA), Frankly 4 (son), Belle 8 (T T GA), Massie 2 (dau) (T T GA)
66. HILL, Hardy 54 (T NC NC), Sarah 35 (wife) (T NY T), Obedience 6, Thomas 3, Mary 1; HARDEN, Thos. D. 85 (father in law) (NY NY NY)
67. VENERABLE, Bluford 56 (VA NC VA), Virgina A. 44 (wife); CARMON, Jony M. 15 (adopted son)
68. MAXWELL, James 46 (VA VA VA), Elisabeth F. 45 (VA VA VA), Amand 20 (VA), Matilda T. 18 (VA), Thursey B. 12 (VA), Minie 9 (T), Harriet 6, Thomas W. 2

Page 9, District 7

69. MOZINGO, Fielding 50 (VA VA VA), Emly 33 (wife)
70. CHILDRESS, Marvel 52 (shoe maker), Cathrine Jane 50 (wife), Eliza Jane 19, Florence 15, Mary Ann 12
71. LOU, David 36, Martha 23, Lurena 5, Elisabeth 3, Lucy 11/12 (KY)
72. WALTEN, William 25, Tenessee 21, Thomas J. 2
73. WELLS, Eli 25 (VA VA VA), Summerfield 19 (wife), David L. 5/12 (b. Jan)
74. BRADEN, James 22, Martha F. 25, Hassee 10/12 (b. Jul) (dau)
75. CLAIBORN, James R. 23, Rachel 20, Thomas 18 (bro)
76. LAWSON, Ruse 27, Mahala 27 (wife) (T VA T), William S. 7, James H. 5, Roxie L. 2
77. SMITH, Susan 46 (widow), Andrew 22, Rebecco E. 15, Sarah Ann 13, Calvin Z. 11, Peter 9, Mary Jane 7, James E. 5
78. McNEW, Francis P. 56 (T VA T), Sallee 61 (wife) (KY VA VA), Sallee 22, Franklin 21, Hellen M. 19; MAUPIN, Ayres 71 (bro in law) (retired Dr.) (VA VA VA); LANE, Robert 25 (nephew) (painter); LAMB, Susan 20 (relationship omitted); SPENCER, William (B) 19 (servant) (T VA VA)

Page 10, District 7

79. CLAIBORN, John H. 41 (merchant) (MO T T), Martha J. 28 (wife) (T CT T), William T. 12, Elisabeth J. 10, Robert C. 8, Franklin L. 6, Laura Belle 4, Magie F. 1; FERREL, Wesley 22 (relationship omitted) (T VA VA); LONG, Artie (m) 26 (boarder) (teacher); DOUGLASS, Martha 25 (boarder)
80. LEWIS, Joah L. 35 (doctor), Thursey M. 25 (wife), James H. 6, Lilly Ann 5, Hassee G. 2 (dau), William H. 3/12 (b. Feb); GIVING?, Mary 43
81. LUMPKIN, Danel 30, Matilda 27, Lassa 5 (dau), Joab L. 3, Luelar 2/12 (b. Mar)
82. McNEW, James H. 33, Ollevia E. 30 (T T KY), Hugh L. 10, Robert F. 9, Sallee C. 7, Martha Jane 4; GREGORY, Catharine 45 (relationship omitted)
83. LASLEY, Josph 26, Hannah J. 21, Sarah A. 7, Thomas 4, Leunius? 1 (son)

CAMPBELL COUNTY (45)

Page 10, District 7 (cont'd)

84. FRASIER, Archelle 59 (KY VA KY), Nancy 50 (wife), Elisabeth 17, Eliza Jane 14, Cintha J. 12, Manerva J. 10, Joel 9, Ollivia M. 7, Sarah 5, Hellen 2 (father of Elisabeth above listed as born in T)
85. CLAIBORN, Frank 28, Rachel H. 23, Elisabeth L. 3, William T. 2, Emly A. 8/12 (b. Oct)

Page 11, District 7

86. ROBERSON, Samuel M. 55 (VA VA VA), Anable C. 55 (wife) (VA VA VA), Sarah E. 20, James 9
87. SMITH, Richard (Mu) 30 (T T GA), Amanda 30 (T T AL)
88. SMITH, Eliza (B) 50 (widow) (GA GA GA), John 23 (T T GA), Abram 20, Mossie 9 (dau); KINCAID, Louis 23 (boarder) (T GA GA), Mary 20 (dau) (T T GA)
89. GOUD, Martin (B) 30 (VA VA VA), Adda 22 (KY KY KY)
90. BRATCHER, B. F. 47 (clerk in store) (T VA T), Jane V. 29 (T VA VA), Charles L. 5/12 (b. Dec), Ferrel H. 3 (g son) (T VA T)
91. HILL, Nathaniel 35 (T T VA), Mary 35, James 8, Martha 6, Casander 5, Franklin 3, Alice 2, Rebecca 80 (mother) (VA VA VA)
92. SMITH, Marcilus N. 33 (T NC T), Jane 30 (T VA T), Hughtan 10, Daniel A. 8, Inis A. 4, Georgia O. 2; WOODSON, Levy 23 (relationship omitted), Magie 20 (wife)

Page 12, District 7

93. DIKE, William 51 (T VA T), Jaduth A. 49 (wife), Franklin 24, Atartha 17, Oty C. 15 (son), Susan 10, James F. 8, George D. 7

Page 12, District 8

94. PIERCE, Peter 32, Susan 38 (wife) (T VA VA), Elisabeth 7, William 5, Clinton 4, Lucy Jane 1; TURNER, Elisabeth 76 (mother in law)
95. IVY, James T. (Mu) 48, Nancy (W) 46 (wife)
96. BUTLER, David C. 34, Sarah J. 39, James G. 13, Robert C. 12, Sarah A. 10
97. McGRAW, Frank 36, Mary 29
98. BALEY, Thomas 45 (T VA VA), Elisabeth 42, William 19, James 16, Martha J. 14, Mary S. 11, John 9, Sarah 7, Robert 5, Thomas 2
99. PIERCE, Clinton 34, Elizabeth 40 (wife), Mossie 13 (dau), James 10, Thomas 8, Mary 6, Presten 4, George 2, Hawk 11/12 (b. Jun); ELISON, Harrison 20 (step son)
100. FREEMAN, James 30 (KY KY KY), Elisabeth 35 (T VA VA), Mary Elen 7, John F. 5, Nancy J. 3, Samuel H. 2, Elisabeth 11/12 (b. Jun); MOZINGO, Cena 70 (mother in law) (VA VA VA)

Page 13, District 8

102. BRANUN, James 30 (T __ __), Elisabeth 28
103. CRITHFIELD, Provy (f) 55, Margret 21 (dau) (T VA T), Rachel 17 (dau), Addaline 4 (g dau), Martha A. 2 (g dau), James H. 1 (g son)
104. SETTLE, Manerva 50 (widow) (T VA VA), Berry 26 (T VA T), Harrison 22 (T VA T), Peter 20 (T VA T), William 18 (T VA T), James H. 14 (g son)
105. SETTLE, Mahala 30 (T VA T, James 10 (son), Dolly 6 (dau), Roxie 3 (dau)
106. McCARTY, Joseph 30 (T __ __), Sophire E. 23 (wife) (VA VA VA), E. Sgt. 3, Sarah Ann 1
107. DIKE, Henry 45, Marth 42, Elisabeth 16, Robert 14, Isaac N. 10, Roda 8, Elen 6; PEBLY, Nancy 68 (mother in law)

CAMPBELL COUNTY (46)

Page 13, District 8 (cont'd)

108. PIERCE, James 80 (T NC NC), Priscilla 57 (NC NC NC), James S. 14, Joshua L. 12
109. PIERCE, Daniel 21, Sarah 21
110. PIERCE, William 24, Martha 26 (T VA T), Neicy C. 3, Ollivia C. 2
111. PIERCE, William A. 53, Catharine 55, James A. 29, Martha E. 22, Abram L. 18, Winfield S. 17, Benjamin F. 14

Page 14, District 8

112. MOORE, Wesley L. 48 (VA VA VA), Martha J. 38, Biga C. 19 (son), John R. 15, Andrew J. 13, Francis M. 11, James 9, Jacob 7, Lafayatt 5, Rufus 10/12 (b. Jul)
113. ORICK, Martha 30, Elisabeth 16 (dau), Robert 2 (son)
114. JONES, John R. 33 (AL SC AL), Mary 31, Marth E. 10, William H. 7, Ellen C. 5, James F. 3, Mary H. 3/12 (b. Mar), William 74 (father) (VA VA VA)
115. PEBLEY, John 46, Jane 42, Emly C. 15, Elihu 12, Rufus F. 7, Elisabeth 2
116. LEECH, Presten 40, Thursey 47 (wife); CRITHFIELD, Mattie 14 (servant)
117. CRITHFIELD, James 35 (T VA T), Elisabeth 25, Margret 7, Robert 2; PIERCE, Peter sr. 60 (father in law) (T NC NC)
118. ROGERS, Canida H. 54 (T T NC), Nancy M. 55 (wife); SMITH, Joseph 12 (relationship omitted); CLAIBORN, Sherman 14 (relationship omitted)
119. CLAIBORN, Andrew 18, Elisabeth J. 19
120. SHEPARD, George M. 58 (VA VA VA), Hanner R. 58 (wife) (VA VA VA), John L. 33 (divorced) (VA), Sarah J. 22 (VA), Mary C. 20 (VA), Cela A. 17 (VA), Nancy E. 15 (VA), George A. 13 (VA)

Page 15, District 8

121. BOWLIN, William 57 (Mu), Mahala 48 (wife), James H. 18, Jo Sherman 11 (son)
122. PIERCE, Susan 31 (widow); BUTLER, Nancy 11 (dau)
123. LAMAR, Charles 27, Nancy 29, William M. 1
124. TURNER, John A. 57, Mary 55, Susan 23, William A. 20, Andrew J. 18, Lucy C. 11, Mary H. 5 (g dau)
125. TURNER, James H. 35, Martha J. 24 (wife) (VA VA VA), Mary 12 (T T T), Nancy 10, John A. 8, Sarah 6, Wesley L. 3 (T T VA), Jessee 1 (T T VA)
126. MONDAY, John 32, Mary E. 33, John A. 8, Hesterann 6
127. PIERCE, Thomas 43, Emline 40, Sarah 18, Alice 15 (sis)
128. BROWN, Salsberry 62 (NC VA NC), Elisabeth J. 59, Nancy 31, Catharine 26, Hesterann 9 (g dau) (T VA T)
129. BROWN, Samuel V. 25 (T VA T), Mary 29, James 6, Benjamin F. 4, Asberry 2, Henderson 4/12 (b. Feb)
130. BROWN, Susan 32 (divorced) (T NC T), David Y. 7 (T NC T), Elisabeth J. 3 (T T T)
131. NELSON, Henderson 43, Manerva 35
132. BALEY, James sr. 81 (T __ __), Sopha 67 (wife) (T __ __)

Page 16, District 8

133. McGRAW, John 47, Jane 41, Anna 20, Nancy 13, Sarah 11, Martha 9, Hester E. 6, Julia 3
134. BALEY, James jr. 48 (T VA VA), Nancy 45, Mary E. 21, Lidda 16, Catharine 14, John 11, James L. 9, Mary Ellen 4

CAMPBELL COUNTY (47)

Page 16, District 8 (cont'd)

135. GREEN, Micheal D. 54 (KY KY VA), Rebecca C. 47 (NC NC NC), Elisabeth 24 (divorced) (VA), Elisha A. 18 (T), John 3 (g son) (T T VA), Rebecca J. 1 (g dau) (T T VA)
136. LYNCH, Willin W. 52 (T SC VA), Mary Jane 47 (wife), John C. 23, William B. 20, Nancy Jane 16, Marcus D. L. 17, Sarah 14, Emely 12, Olive M. 10, Marcilus 8, Florence 6, James F. 3
137. LEECH, Franklin 23, Sarah 19, Emily 2, Brownlow 5/12 (b. Feb)
138. BUTLER, James G. 45 (T VA T), Lucinda 40, William H. 13, James C. 7, Lazrus G. 2
139. MILLER, Rubin (B) 30 (SC SC SC), Fillis 27 (wife), Fanny E. 10, James 4, Benjamin C. 3, Hassie M. 1 (dau)

Page 17, District 8

140. DOSSETT, Alfred 38 (work in mill), Nancy 38, Alvis 19, John 17, Isabell 15, Aann 14, Maynard 13, Elen 12, Thomas 10, Franklin 8, Lasse 5 (dau), Lilly 2
141. MILLER, Benjamin (Mu) 48 (T T NC), Elisabeth (B) 48, Jorden L. 22, Martha A. 16, James A. 14, Sarah L. 7- SMITH, Silus 30 (boarder) (VA VA VA), Olive L. 20 (dau), Creed F. 5/12 (b. Dec) (g son) (T VA T); SHARP, Mary 80 (mother) (MD MD MD)
142. CHILDRESS, Joel C. 42, Mary 38, Mary E. 19 (T T KY), Edy Jane 15 (T T KY), Sarah A. 13 (T T KY), Lueza C. 12 (T T KY), Peter M. 10 (T T KY), Matilda A. 5/12 (b. Dec) (T T T); DOSSETT, Eliza 16 (step dau), George W. 32 (boarder)
143. IVY, William (Mu) 38 (T VA VA), Cintha 27 (wife), Mary E. 6, Martha J. 4, Thornton L. 2, Horace G. 5/12 (b. Dec); SWEAT, Gravil (B) 22 (boarder)
144. GOINS, Alvis 19, Manda 22 (VA VA VA), Andrew 9/12 (b. Sep); GOINS, Delfy 67 (mother) (widow)
145. GOINS, Gravel 22, Lucy 20, Eliza J. 2, Belle 1/12 (b. Apr)
146. GOINS, Marshall 23, Martha 23, Disey 3, Ollevia L. 1

Page 18, District 8

147. GOINS, Isham 43, Melvina 37, John 14, Margret A. 12, Mary Elen 10, Presten 6, Martha 5, Florence 5, Alvis 8/12 (b. Aug)
148. DOSSETT, Calvin 60 (T NC NC), Mary 59 (T NC NC), Aditha 20, William F. 18, Elisabeth 16
149. DOSSETT, Franklin 28, Eliza 18 (wife)
150. WILLOBEY, Joseph 67 (T VA VA), Rhoda 48 (wife), Florence 21, James 20
151. WILLOBEY, Andrew 28, Martha Ann 25
152. DOSSETT, Andrew J. 33, Martha A. 24, Rhoda 5, Joseph 3, Minie 1
153. HEATHERLY, Tempuna? 45 (divorced); DOSSETT, Crutha J. 14 (niece)
154. LYNCH, John 24, Nancy 25 (IN OH IN), Stallie 1/12 (b. May)
155. LYNCH, Wesley 35, Sarah 27, John 6, William 4, James 2, Nelson 4/12 (b. Feb)
156. LYNCH, Nelson 60, Sarah 59, Andrew 21, Mary 20, James 15
157. SHEPARD, Henry 26 (VA VA VA), Mary 23 (VA VA VA), John 10/12 (b. Aug)
158. WILLSON, William 51 (VA VA VA), Mary E. 48 (VA VA VA), Mary Ann 12 (VA), Abema J. 8 (T), Elsa Love 6, Sumer E. 3 (dau), Verginia T. 1

Page 19, District 8

159. BRATCHER, William T. 30 (GA T T), Mary Jane 31, Julia 6, Amos S. 4, Hester A. 2, Robert F. 3/12 (b. Feb); MILLER, Calestine 12 (niece), Florence 10 (niece); CARROL, James 30 (relationship omitted)
160. KIMBERLAND, Elisabeth 50 (widow) (VA VA VA), Wesley 27 (step son) (VA VA VA), Eliza 23 (dau in law) (VA VA VA), Susan A. 4 (T VA VA), John H. 3, James J. 7/12 (b. Oct)

CAMPBELL COUNTY (48)

Page 19, District 8 (cont'd)

161. TURNER, William 48, Eda Jane 45; SMITH, Mary 7 (neice)
162. BEARD, James (B) 30, Eliza 31; SWEET, Barbery 22 (boarder)
163. ROGERS, James 30, Sarah E. 22 (T VA T); SHELVY, William]3 (servant)
164. SPANGLER, Wesley 22 (VA VA VA), Ellen 19, Elisabeth 65 (mother) (VA VA VA)
165. SWEET, William 28, Eva J. 35 (wife) (VA VA VA); MOZINGO, Octava S. 18 (step dau) (KY T VA)
166. SWEET, John 26, Sarah 24, Ann 4, Cela 2, Minta 8/12 (b. Sep)
167. SWEET, Presten D. 36, Luticia 28
168. McNEALY, Calvin 22, Evaline 27 (wife) (T VA VA); McGLOTHEN, James 16 (servant)
169. CURNUTT, Jackson 50 (T VA VA), Talitha 48 (sis) (T VA VA)

Page 20, District 8

170. McNEELY, James 38, Nancy 38, William 14, Ann R. 6, Elisabeth 3, Lucy 2, George 3/12 (b. Mar), Nancy 40 (sis), Mary 38 (sis), Benjamin F. 16 (nephew), Tabitha 12 (neice), James jr. 18 (nephew); HUTSON, Richard 30 (cosen)
171. HOUSLEY, John 65 (T T NC), Nancy 50 (wife), Febee 82 (mother) (NC NC NC); RIGGS, Milly 75 (mother in law)
172. RIGGS, Thomas 30, Nancy 25, Florence 12, James 7, Martha E. 5, George W. 3, Arnell 1
173. McNEELY, John 48, Martha 50 (T VA VA), Godfrey 14, Nancy A. 12, Dougless 10, Sarah 7
174. SMITH, Sarah 48 (widow) (VA VA VA), Ellana B. 7 (T KY VA), Florence 5; HENEGER, Mary 20 (dau) (T VA VA), Thomas J. 18 (T T T), Thomas G. 2 (g son)
175. WELLS, Charles 24 (VA VA VA), Roda C. 22 (VA VA VA), James 2 (T VA T), William 8/12 (b. Sep) (T VA T); LAY, Mary 25 (sis in law) (T T T)
176. McNEELY, William 26, Nancy 29 (VA VA VA), Sermatha 8, Florence 6, John 3, no name 5/12 (b. Dec) (son) (T T T)

Page 21, District 8

177. GOINS, James 55 (T VA VA), Elizabeth 56 (T VA VA), Enos H. 22, Maynard 19, Milton 17, Elisabeth 15
178. PARKER, George 35, Ollevia 33, Elizabeth A. 13, Sarah Jane 10, James H. 9, Alice 7, Florence 5, Maynard 3, not named 6/12 (b. Dec) (son)
179. BROWN, James 44, Anna 43, Luiza J. 14, Sarah 9, Alvis 7, Mossie 5 (dau), Emeline 2
180. BALLARD, Cilus 54 (T VA VA), Mary 52 (T NC NC), William F. 28, Elisabeth 23, John 20, Sarah L. 17, Sherman 13, Visa A. 12, Martha 10, Lucy 5
181. PETREE, John 52, Loucathrin 48, George W. 25 (paralasis), Sarah C. 25 (dau in law), Mary 77 (mother) (T __ __); FORD, Jackson 28 (nephew)
182. LINDAMOOD, Ballard 32 (VA VA VA), Nancy 19 (wife), David L. 1, Susan H. 27 (sis) (VA VA VA)
183. LAY, Elisha 30, Martha 26, Mary 10, Visa 6, William D. 4, James L. 2, Nancy J. 6/12 (b. Nov); WILLIAMSON, Nancy 48 (mother in law), Sarah J. 22 (sis in law), Lucy Ann 18 (sis in law), Marshall L. 1 (nephew)

Page 22, District 8

184. STANFIELD, Louis J. 26, Cintha 26, Prior 11, Nancy 8, John 6, Letcher 5, James 2, Benjamin L. 19 (boarder) (clerk in store)
185. CORNUTT, James H. 38, Elisabeth 37, James M. 13, Louisa C. 11, Mary Jane 9, Addie E. 6, Rhoda H. 4, Thomas H. 2, Sarah H. 7/12 (b. Oct)

Page 22, District 8 (continued)

186. MILLER, William 29, Catharine 23, Nancy 8, Joseph 6, William A. 4, Margret J. 1, John 21 (bro)
187. McCULLY, James 45, Mary J. 35, John B. 13, Elisabeth 12, Isabelle 10, Franklin 8, Carline 6, Margret 2, Nancy 5/12 (b. Dec)
188. HOUSLEY, Pleasant 36, Martha J. 32, Manda C. 13, Cela E. 12, William G. 9, Phebey A. 8, Mary J. B. 5, Lucy Ellen 3, Florence T. 2, Rhoda Alis 1/12 (b. Apr)
189. CARROLL, John 63, Nancy 54, Catharine 27, Sarah 23, Golconda 13 (dau), Archable 10 (son), Henry 8

Page 23, District 8

190. LAY, Elija 30, Mary 28, William 9, David 7, James R. 5, (IN T T), Sarah J. 3
191. HENSLEY, Thomas 31, Manerva 25, John F. 11, Sarah 8, Pleasant 6, Phillip 6
192. LAY, David 35, Anis E. 34 (wife) (T SC NC), George W. 13, James M. 9, Cela Ann 7, Luiza J. 5, David 3, Thomas J. 3/12 (b. Feb)
193. RIGGS, Thomas 32, Elisabeth 28, Joseph 8, William 3, John 9/12 (b. Sep)
194. McNEELY, William H. 47 (widower) (T VA T), Kissiah 21 (f), Samuel P. 16
195. SPARKS, Rufus 24, California 22, James M. 11/12 (b. Jun)
196. FORD, Daniel 35, Melvina 30, John P. 10, Anna M. 8, Nancy L. 6, Florra C. 4, Malinda A. 2, James 7/365 (b. May), PARKER, Elisha 22 (boarder), Lora A. 18
197. NELSON, Lindsy H. 42, Louiza 55 (wife), Henderson 21, Nancy 18, Marvel H. 15 (son), Martha E. 2 (g dau)

Page 24, District 8

198. HENNIGER, Hiram 29 (VA VA VA), Addaline C. 30 (T VA T), Ann Eliza 4, Barton H. 3, Vanstuerd 2
199. McNEELY, Godfrey 34, Matilda A. 33 (VA VA VA), John A. 13, William H. 8, Margret E. 6, Mary C. 3, KIMBERLAND, Henry 18 (boarder) (T VA VA)
200. SCHLOSSHAN, Phillip 34 (Ger Ger Ger), Sarah 35, Henry F. 13, Fredrick 10, Thomas 7, Mary L. 4, BUTLER, Joseph 25 (boarder) (divorced) (T VA T)
201. PARKER, Elias 52 (T VA VA), Martha 38 (wife), James F. 25, Sarah E. 17, Patsey 16, Lucy Belle 10, William M. 9, John P. 7, Alis 6 (dau), Thomas 4, Florence 2, Charley 5/12 (b. Dec), MILLER, James 18 (servant)
202. HOUSLEY, Frank 28 (blacksmith), Eliza Ann 29
203. MOONYHAM, James 65 (VA VA VA), Elisabeth 63 (T VA VA),
204. RIGGS, George W. 45, Mely 40 (wife), Thomas 19, Milly 17, William S. 15, Joseph 13, Mary E. 9, Nancy E. 7, Eliza Jane 5, John W. 2

Page 25, District 8

205. DAVIS, William 75 (T VA VA), Ann 80 (T VA VA), Margret 40, William 20 (g son), John 17 (g son), Franklin 10 (g son), Elisabeth 6 (g dau), Elzine 50 (dau), Ollevia 16 (g dau)
206. OXFORD, Isaac 38 (VA VA VA), Margret A. 36 (VA VA VA), William F. 14 (VA), Lurisa E. 12 (VA), John A. M. 10 (T), Samuel A. 8, Retta L. 6, Corney E. 4 (VA), Calena Belle 1 (T)
207. SWEET, William J. 58 (T SC SC), Frances 58 (VA VA VA), Elisabeth 36, Ann 22, Mary 20, Ollevia 15 (g dau), James 4 (g son), Sneed 1 (g son), Ellen 1 (g dau)
208. ELLET, Franklin 24, Lucinda 23 (T T VA), Frances 1
209. RUSSEL, George W. 36 (VA VA VA), Julia A. 46 (wife) (VA VA VA), Samuel F. 10
210. WELLS, Esqr. 21 (VA VA VA), Nancy Y. 22 (TX T T), Charles 1
211. CHILDRESS, William 40, Ann 35, Joel M. 12, Mary Ann 11, Sarah M. 9, Eda Jane 7, Martha L. 4, Robt A. 1
212. HALFAKER, Richard (B) 60 (NC NC NC), Manerva 52 (VA VA VA), Doctor H. 15, Feribe Jane 12, Rachel A. 6

CAMPBELL COUNTY (50)

Page 1, District 9

1. MARLOW, Allen 57 (T Eng T), Effie 47, (T T GA), Joseph 22, Melvina 18, William 15, Mary 11
2. MILLER, James 62 (crippled) (VA VA VA), Mary 55, James 20, Johnston 17, Ulysses 14 (crippled), SMITH, Mary 12 (niece)
3. BRIDGES, Elijah 27 (T T NC), Marget 28 (T VA T), Alexandre 6, Mary 3, Martha 1
4. CHADWELL, James 37 (T VA T), Medie 27 (wife), Martha 14, David 9, Robert 7, John 5, Thomas 3
5. TURNER, Benjamin 57 (KY VA KY), Patsie 53 (KY KY KY), Preston 34 (crippled), (KY KY KY), Henry 27 (KY), Sarah 18 (KY), Marenal 17 (son) (KY), Richard 15 (KY)
6. CHADWELL, Duff 72 (VA VA T), Elizabeth 62 (crippled), Nancy 31, LaFayette 24, Johnson 21, Martha 20, Robert 16, Mary 4 (Niece)
7. PENNINGTON, Willburn 55 (NC NC NC), Annie 45, Calaway 24, Jackson 21, William 20, Daniel 15, Elizabeth 13, Maynard 12, Summer 6 (dau)
8. LAMBDIN, James 25 (KY KY KY), Salatha 25 (KY KY KY), George 3 (KY), William 2 (T)

Page 2, District 9

9. WALDEN, A. 25 (T KY T), Mary 21 (T KY T), Lanie 2/12 (b. Mar), Susanna 69 (mother) (T VA VA)
10. LAMBDIN, Sam 52 (T SC KY), Sarah 22 (wife), Eren 18 (KY), John 16 (KY), Sarah 13 (KY), Eliza 11 (KY)
11. YORK, John 29, Thomas 13 (cousin)
12. MARLOW, John 60 (T KY VA), Eliza 45 (wife) (KY T VA), Marilda 25, Elizabeth 19, David 21, Malinda 18, James 15, John 12, Anna 10, Mary 8, Teneral 6 (son), William 3
13. LEACH, Joseph 58 (crippled) (T Eng T), Lucy 49 (T KY VA), William 28 (diarrhea), Mary 25, Milford 23, Martha 16, Josiah 13, BRUCE, Thomas 77 (uncle) (KY KY KY), Melia 77 (aunt) (VA VA VA)
14. LEACH, Frank 56 (widower) (neuralgia) (T Eng T), Robert 19 (T T KY), Speed 17, Lucy 12, Malinda 9
15. SHEPHERD, William 23 (KY SC KY), June 26 (sis) (KY SC NC), Martha 1 (niece) (T T KY), NIX, Rebecca (Mu) 22 (niece) (T KY GA), Alice 5 (g. niece) (KY KY T), Jacen 6/12 (g nephew) (T KY T)
16. SHEPHERD, Thomas 36 (NC SC NC), Sarah 40 (T T NC), Thomas 14 (KY), John 10 (KY), William 5 (T), James 2

Page 3, District 9

17. NUN, Elisha 68 (crippled), Effie 56, MILLER, Vanie 25 (dau) (cold), Hanner 12 (niece), William 6 (nephew), Effie 5/12 (b. Jan) (niece)
18. YORK, William 66 (miller) (gravel) (KY T SC), Patsey 40 (wife) (crippled), Elizabeth 26, Marilda 23
19. SILER, William 57 (kidney disease), Rachel 56 (KY SC KY), Oty 28 (son) (KY T KY), Hiram 23 (T T KY), Tyra 21 (son) (T T KY), Lucinda 18 (T T KY), Susan 16 (KY T KY), Armelda 14 (T T KY), POWERS, Bergis 21 (cousin) (KY T KY)
20. SILER, Hayes 30 (KY T KY), Mary 21 (KY KY KY), Martha 4 (KY), Thomas 2 (KY)
21. BOLTON, Joseph 37, Elizabeth 37, Martha 16, John 14, Josephine 12, Sarah 10, Simon 8, Onie 6 (son), Mary 3, Marget 1
22. MURRAY, John 55 (blind), Marilda 47 (KY NC T), Jane 19 (KY), Hiram 18 (T), John 15, Perry 13, Mary 9 (MO), Lucinda 7 (KY), Josephine 2 (T)
23. HUDDLESTON, Lizzie 45 (widow) (T VA T), Emma 19 (divorced), Belle 5, Thomas 3, (nephew), Luora 2/12 (b. May) (niece), MARLOW, Lucinda 18 (dau) (married within yr), Thomas 18 (son in law), YORK, Luticia 23 (dau), Thomas 14

Page 4, District 9

24. BEWLING, James 40 (KY KY T), Martha 35 (T VA T), William 17 (KY), John 12 (KY), Wilson 10 (KY), Elizabeth 8 (KY), Rachel 4 (KY), Thomas 3 (T), Lucinda 8/12 (b. Nov)
25. SHEPHERD, Amos 45 (lung disease) (NC NC NC), Julie 30 (consumption) (KY KY KY), Rebecca 47 (sis) (GA NC NC)
26. WALDEN, John 30 (crippled) (T VA KY), Jane 30, Martha 8 (crippled), Susan 7 (crippled), Nancy 5, Sarah 3, Horace 6/12 (b. Dec)
27. BOLTON, John 68 (crippled) (KY VA T), Marget 65 (chill & fever) (KY NC SC), Martha 41 (T KY T), John 25 (T KY KY), Lucinda 20 (T KY KY), HUDDLESTON, Jane 35 (widow) (T KY KY), Ledford 7 (nephew) (KY T T)
28. MURRAY, William 46, Nancy 40 (T KY KY), Mary 21, Marget 19, James 16, John 13, Oliver 10, Martha 7 (diarrhoea), Nancy 5, Easter 2 (dau)
29. DAY, James 32, Elizabeth 30 (T KY KY), Eliza 8 (KY), Susan 6 (KY), Sarah 8/12
30. SILER, Calvin 34 (KY KY KY), Mary 31, Florence 10, Alice 9, James 8, Russel 6, Martha 5, Rachel 3 (cold), Manda 1, CRAIG, Summer 33 (sis in law)

Page 5, District 9

31. MURRAY, Tyra 32, Nancy 27 (wife) (KY T T), Susan 8, James 6, Marget 3, Mary 75 (mother) (T PA T), BRAMHAN, Alexandre 31 (relationship omitted)
32. WILLIAMS, Calvin 35 (crippled), Cresie 21 (wife) (T T KY), Lewis 11 (KY), (crippled), Bettie 8, Willie 6 (KY), Morison 3 (T), Thomas 1, Agie 78 (mother)
33. PERKINS, Thomas 32 (T T KY), Lydie 26 (T VA T), Grant 8
34. RETHAFORD, Pleasant 28 (T VA T), Marget 27 (T KY T), Sallie 5, Peggie 4, Thomas 1, Sarah 73 (mother) (T NC T)
35. YORK, Thomas 68 (KY SC SC), Sarah 60 (T VA VA), Sarah 19 (crippled) (T KY T), AYERS, Peggie 28 (servant) (T KY T)
36. YORK, Frank 27 (T KY T), Mary 23
37. AYERS, Elkany 52 (KY KY T), Lucinda 49, George 17, John 15, Bailey 11, Lucy 9, Fannie 7
38. AYERS, William 22 (married within yr) (crippled) (T KY T), Mary 21 (VA VA T), Noah 14/30 (b. May)
39. RETHAFORD, Elijah 23 (crippled) (VA VA VA), Cassia 26, Charles 3, Laura 2, Diedna 1
40. CAMPBEL, Frank 38 (T T VA), Mary 39, Barbery 12, William 9 (crippled), CHADWELL, James 17 (stepson)

Page 5, District 9

41. BARLEY, George 37 (crippled), Manda 26 (wife), Bettie 9, John 7, Henry 5, James 3/12
42. GAYLER, James 45 (kidney disease) (T NC T), Ann 34 (wife) (heart disease) (AL T T), Eli (AL), Thomas 8 (AL), John 7 (T), Hanna 4, Mary 3
43. JOURDEN, Rachel 66 (widow) (rheumatism), Sarah 39 (T NC T), David 6 (g son) (T VA T)
44. ROGERS, Henry 48 (KY VA NC), Susan 40 (KY KY KY), George 13 (KY), Permelia 4 (KY)
45. JOURDEN, John 34 (T NC T), Bettie 21 (wife), Millard 3, Martha 1
46. JOURDEN, James 35 (T NC T), Sarah 28 (VA VA VA) (crippled), George 12, Thomas 10, Mary 8, Lizzie 8, John 6, Sallie 4, William 1
47. RETHAFORD, William 51 (crippled) (VA VA T), Martha 39 (wife) (rheumatism) (T NC T), William 16, Thomas 13, Elizabeth 11, John 7, Rasa 5 (dau), Lulie 1
48. RUSSEL, Thomas 26, Mary 27 (NC NC NC), William 6, James 4, Elizabeth 6/12 (b. Nov)

CAMPBELL COUNTY (52)

Page 7, District 9

49. CAMPBELL, John 63 (crippled) (T NC VA), Fannie 48 (T NC T), Elvie 14
50. RAY, Sarah 57 (widow) (T NC VA), George 20, Martha 18, Bijah 17, William 8
51. BRANAM, John 65 (crippled), Sallie 54 (wife) (hemorrhage of lungs) (T NC VA),
    Squire 18, Fannie 14, Ewel 21, Mary 21 (dau in law), Hovie 2 (g son)
52. YORK, Allen 31 (T KY T), Nancy 32 (T T VA), WHITEHEAD, Lou 12 (stepdau) (IN
    IN T), SINGER, Thomas 6 (relationship omitted) (T NC T)
53. JOHNSON, Richard 35 (crippled), Nancy 34 (neuralgia) (T NC T), Hiram 15,
    Martha 13, James 10, Amos 8, Josephine 6, Rachel 4, Sarah 1
54. BOLTON, Hiram 33, Mary 33, James 11, Ewel 8, John 6, Joseph 3, Thomas 11/12
    (b. Jul)
55. WALDEN, James 42 (gravel) (T KY T), Mary 35 (consumption), Nancy 14 (KY),
    Rachel 13, Emily 12, Mary 8 (spinal disease), Josie 5
56. BRUCE, Kiah 46 (T VA T), Nancy 36 (wife) (T KY T), James 14, Thomas 13, Masach
    11, John 9, Martha 7, Emily 5, Susan 2

Page 8, District 9

57. WALDEN, George 42 (T VA T), Hanner 38, James 18, Matilda 16, Mary 14, Syntha
    12, William 10, Eli 8, Nancy 6, John 3, Solomon 10/12 (b. Jul) (diarrhoea)
58. McCULLY, George 55, Rebecca 44 (wife (KY KY KY), William 20 (KY), Sarah 17
    (KY), Mary 16 (KY), Marget 13 (KY), Rachel 9 (T), Armelda 5, Prior 3,
    Jessee 1
59. MARLOW, Ruben 52 (T KY KY), Sarah 43 (heart disease), Malinda 27, Lincon 17,
    Syntha 14, John 11, Jane 9, David 6, Mary 4, Sarah 11/12
60. CLEPPER, Thomas 24 (T VA T), Marget 24 (T NC T), Mary 5, Milton 2
61. RETHAFORD, Granvil 36 (VA VA T), Matilda 37 (T VA NC), Calvin 9, Nancy 7,
    Fannie 6, William 7/12 (b. Oct)
62. BRUCE, Sarah 67 (married) (VA NC VA), Emily 35 (T VA VA), Frank 28, Martha
    23, Sarah 19 (g dau)
63. CARSON, Isac 57 (crippled) (NC NC NC), Martha 51 (NC NC NC), Isaac 27 (works
    in coal mine), Peggie 23 (dau in law) (T NC T), Ida 4 (g dau), Luella 1
    (g dau)

Page 9, District 9

64. RETHAFORD, Thomas 43 (VA VA T), Sarah 36 (T VA T), John 9, William 6, George
    4, Sarah 3, Mary 1
65. BRUCE, Robert 52 (T KY T), Melia 70 (wife) (pneumonia) (T VA VA), William 19
    (pneumonia), Thomas 18, John 16, Charlottie 14, George 10, Belle 7
66. HILL, Hasel 35, Mary 24 (wife), Harvy 6, Lova 5, James 3 (scrofula), Mossie
    3/12 (hooping cough), PEBLEY, Mary 35, Willie 4
67. MILLER, William 32 (miller), Nancy 26, Charles 8, Alice 6, Sarah 4, James 2,
    Frank O. 14/30 (b. May)
68. CLEPPER, John 49 (T T VA), Elizabeth 50 (VA VA T), Sarah 18, Jane 15, Simion
    13, John 11, Frank 16, GRAY, Mary 26 (dau), Sarah 3 (g dau)
69. CHADWELL, William 26 (T VA T), Martha 24 (T KY T), Lydie 4, Duff 2, James 9/12
    (b. Aug) (diarrhoea)
70. CHADWELL, Jackson 38 (lung disease) (T VA T), Elizabeth 30 (T VA T), Mary 12,
    Andrew 11, Frankie 9 (dau), Willie 7, Marget 5, James 3, MEDLOCK, John
    12 (cousin) (T T VA)

Page 10, District 9

71. MEDLOCK, Frankie (f) 35 (VA VA VA), Andrew 2 (son) (T T VA)
72. RETHAFORD, Sterling 47 (lung disease) (VA VA T), Elizabeth 33 (wife), Thomas 15,
    Emily 13, Abner 10, Barbery 7, Sallie 4, Solomon 1, HALSON, Armelda 16
    (step dau), Silas 7 (step son)

CAMPBELL COUNTY (53)

Page 10, District 9 (continued)

73. AYERS, John 31, Parley 30 (wife) (chills & feber), (T VA T), Sarah 11, James 9, William 6, Letha 4, Ansel 1 (son)
74. LOW, Sarah 68 (widow) (T VA VA)
75. BROWN, William 63 (diarrhoea) (T T VA), Nancy 49 (wife) (heart disease), William 30, Elizabeth 26 (neuralgia), Cassie 20 (neuralgia), Emily 17, Martha 14
76. WILLBURN, Sarah 30 (widow), Nancy 12 (T VA T), Sarah 10, Jane 6 (phthisic), Morton 4 (dau)
77. CARRELL, William 48 (chronic), Catherine 48 (chronic) (T KY T), Thomas 21 (teacher), Sherad 18, Parley 16 (dau)
78. BOLTON, Hiram 63 (chills) (T VA VA), Roda 60, LaFayette 21, Sarah 15
79. BOLTON, Henry 28 (pneumonia), Lucy 26 (T T VA), Laticia 6, Thomas 4

Page 11, District 9

80. CAMPBELL, Jerry 50, Lucinda 45, Sallie 21, William 17, Hillery 15 (m), Eliz=abeth 13, Katie 12, Fannie 9, Lucy 6, Trav 5 (son), Laier 2 (dau)
81. RETHAFORD, Abner 41 (dry goods merchant) (VA VA T), Nancy 34 (crippled) (T KY T), William 12, Martha 8, Sarah 3, Elias 3/12 (b. Feb), AYERS, Elihu 27 (relationship omitted), WALDEN, Martha 20 (cousin)
82. RUCKER, Lewis 44, Eliza 43, Manda 19, Nancy 18, Sallie 14, William 11, Harry 9, James 7, Granvil 3
83. GAYLER, William 38, Syntha 39, Matilda 11, George 9, Elizabeth 7, Mary 3, James 1 (flux), BOOTH, Thomas 22 (carpenter) (relationship omitted)
84. BOLTON, Alvis 22, Martha 22 (VA VA VA), Lydie 7/12 (b. Oct)
85. GAYLOR, George 34 (T VA T), Elizabeth 34, William 13, Barbie 11, John 9, Milton 3, HATFIELD, Freeman 18 (relationship omitted)
86. GAYLER, Joseph 30 (blacksmith), Diddie 25 (diarrhoea), Lewis 5, Susan 2, Bettie 1

Page 12, District 9

87. OAKS, Elizabeth 61 (widow) (diarrhoea) (T NC NC), SINGER, Nancy 25 (house-keeper) (T KY T)
88. CAMPBELL, Murray 31 (carpenter), Cassia 30 (T T KY), Belle 12, Lee 9 (son), Inez 7 (son?), Bertha 6, Ind? 4 (son)
89. BRANAM, Alex 31 (widower) (T KY T)
90. DOUGLAS, Campbell 36, Mary 32 (T KY T), Martha 13, James 11, Samuel 9, Susan 7, Elkany 5 (son), Fannie 2
91. WILLBURN, James 39 (crippled), Lucy 38 (T KY T), Steven 7, Sarah 5, Nancy 2 (diarrhoea), James 3/12 (b. Mar)
92. LOWE, Elias 25 (T VA T), Sarah 23 (neuralgia), Corelia 3, Flora 1, AYERS, Peggee 28 (sis in law)
93. RETHAFORD, William 51 (T T VA), Mymie 49 (T T KY), Mary 18, Rhoda 17, William 15, George 13, Sarah 10, James 8
94. BOLTON, John 31 (miller), Elizabeth 30 (cold), Horace 7 (diarrhoea), Nancy 6, Colonel 3
95. BRANAM, Sarah 69 (widow) (T VA VA)
96. BRANAM, James 41, Mary 43 (VA VA T), Martha 16 (IN T VA), Francis 13 (T T VA), Mary 6, James 4

Page 13, District 9

97. BROYLES, Samuel 48 (crippled), Eliza 50 (KY NC NC), Mary 21 (KY), Arta 19 (KY), William 17 (KY) (crippled), Salatha 15 (T), Elizabeth 13
98. ARCHEY, Harm 22 (married within yr), Ellen 18 (T VA T)
99. BOLTON, Thomas 71 (KY VA VA), Lucy 65 (NC NC NC), Cinthy 30, Fisk 21

CAMPBELL COUNTY (54)

Page 13, District 9 (continued)

100. DOUGLAS, Amasa 56 (m) (asthma), Rachel 52, John 25, Thomas 23, Leah 21, Joseph 19, Alex 17, Rachel 16, Barbie 14, Sarah 11
101. ARCHEY, Susan 59 (widow) (rheumatism) (T VA T), COX, Cinthy 30 (dau), ARCHEY, Jame 25, Thomas 20, COX, John W. 6 (g son)
102. PERRY, Elizabeth 35 (divorced), James 8, Jane 5, Henry 5, Lewis 1
103. AYERS, Elihue 61 (T NC T), Thursie 50 (wife) (T VA T), Thomas 19, Marget 11
104. AYERS, Elihue 23, Susan 16 (wife) (married within yr)
105. AYERS, James 25, Pattie 20, Milton 1
106. HUDDLESTONE, Joseph 46, Martha 37, William 17, Hanner 15, Martha 12, Elihue 10, James 9, Thursie 7, Thomas 4, Stearce 2 (son)

Page 14, District 9

107. AYERS, John 63 (T NC T), Elizabeth 47 (wife), Henry 26 (crippled), George 18, Fannie 14, Sampson 12, Daniel 10, Bailey 7
108. YORK, Richard 35 (T KY T), Becca 33 (T VA T), Shed 9, James 8, John 5, Thomas 2
109. CARRELL, Morton 42, Morning 39 (wife), William 20, Elihue 18, Steven 15, Elias 13, Sarah 11, John 7, Mary 6, Sherad 3
110. AYERS, James 62 (rheumatism (KY NC T), Fannie 57 (T T VA) (crippled)
111. AYERS, William 30 (crippled) (T KY T), Nancy 29, James 7, Mary 5, Ellen 3, Julie 5/12 (b. Feb)
112. WILLBORN, Will 29, Mary 20, Nancy 4, Martha 3/12 (b. Apr)
113. ADKINS, James 31 (polapus) (KY KY KY), Elizabeth 29 (T T KY), Thomas 11, Mary 6, McCloud 3 (KY)
114. PERKINS, Rily 63 (lung disease) (T NC NC), Martha 63 (piles), FORTNER, James 18 (g son) (teacher) (KY KY T), Johnie 16 (g son) (KY KY T), Nancy 11 (g dau) (KY KY T), Alice 8 (g dau) (KY KY T)

Page 15, District 9

115. PERKINS, America 32 (married)(f) (T VA T), Harret 8 (T MO T), Lewis 7, Nancy 4, James 3, Peter 6/12 (b. Dec)
116. COOPER, Jack (B) 54, Ann (Mu) 40 (wife) (T VA VA), Lincoln 16
117. WILLBORN, Elihue 38, Jane 41, Susan 20, Nancy 17, Marget 14, Martha 10, Rachel 8, James 4, Redford 2
118. ROW, David 50, America 41 (KY T T), Thomas 13, Josephine 11, Sherman 7, Ansel 1
119. RIDNER, William 44, Susan 45, John 19, Henry 17, Sallie 13, Nancy 11, Emma 9, Mandy 6, William 4, Jane 1
120. NIX, Benjamin 29 (KY KY KY), Samantha 24, Lidie 2, Harm 2/12 (b. Mar)
121. AYERS, James 34 (rheumatism), Mary 25 (crippled), Jessie 4, James 2
122. AYERS, Claiborn 32, Nancy 24 (T T KY), William 6, Lewis 5, James 3, Sintha 1, BROYLES, Arta 18 (sis in law) (T T KY), AYERS, Mary 2/12 (b. Apr) (dau)

Page 16, District 9

123. AYERS, William 27, Linda 27, Marget 6, Mary 4, Lucy 3
124. CAMPBELL, James 49 (consumption) (T NC NC), Nancy 42 (VA VA VA), Horace 2, AYERS, Emma 19 (2nd cousin), RETHAFORD, Granvil 18 (nephew) (T VA T), BERRY, George (B) 18 (servant) (KY T KY)
125. BOOTH, Columbus 45 (widower) (KY NC SC), General 19 (T KY AL), Frankling 17, Sampson 11, Henderson 3, Sarah 14, Mary 10, Martha 7, ROW, Elizabeth 18 (niece)
126. WILSON, Daniel 33 (pneumonia) (KY KY KY), Cinda 29 (T NC T), Belle 8, Mary 7, Owens 5, Martha 3, Jackson 11/12 (b. Jan)
127. CARSON, John 35 (GA NC NC), Milvina 30, Martha 9, Liddie 6, James 5, Isaac 3, Alexandre 8/12 (b. Oct)

CAMPBELL COUNTY (55)

Page 16, District 9 (continued)

128. RUNNELS, Elias 47 (KY _ _), Pasa 49, Mary 19 (heart disease), Sallie 17, Daniel 14, Peggie 12, Syntha 6, AYERS, Mary 26 (no relation)
129. SMITHERS, Easter 39 (widow) (VA VA VA), Mary 21 (T T VA), Cal 17 Rodes 13 (son), Samantha 8, July 6 (dau), Ellen 5
130. SMITHERS, Lewis 23 (T T VA), Sallie 18, Frances 8/12 (b. Oct)

Page 17, District 9

131. AYERS, Cain 40, Nancy 22 (wife), Ellen 7/12 (b. Nov)
132. HICKS, Lucy 30 (T NC T), David 14 (son), Lincon 10 (son), George 8 (son), Almedia 6 (dau), Lewis 3 (son), Easter 2 (dau)
133. BRANHAM, Hillery 35 (crippled), Susan 31 (wife) (crippled), Frances 3, George 7/12 (b. Nov)
134. RUNNELS, Benjamin 21, Jane 21, Mary 1
135. STEVENS, Josh 32 (T KY T), Lucy 32 (KY KY KY), Sarah 13 (KY), Sarah 13 (KY), Thomas 10 (KY), Nancy 6 (KY), Daws 4 (KY), David 3 (T), Martha 1, DUPEE, Granvil 20 (cousin) (VA VA VA)
136. BAIRD, William 62 (miller) (KY NC VA), Barbery 37, William 13, Jessie 10, Rachel 12, Emma 7, Elizabeth 5, Andrew 2, Elizabeth 82 (mother) (VA VA VA)
137. BAIRD, William 35 (T KY NC), Sarah 32, Samuel 9, Daws 7, Nancy 4, James 2, Mary 10/12 (b. Aug), George 22 (bro) (T KY NC), FRAMMEL, Nancy 21 (sis in law)
138. WILLBURN, Henry 37, Emily 36 (T VA T), Sherman 13, Parley 7 (dau), Lee 5, Horace 2

Page 18, District 9

139. WALDEN, Evin 47 (T VA T), Nancy 45 (T VA VA), Matilda 24, Aaron 19, Frankling 17, William 15, Evin 12, Alexandre 10 (crippled), Martha 7, Julie 3, Horace 6/12 (b. Dec)
140. BAIRD, Joseph 29 (T KY T), Elizabeth 23 (T T KY), Millie 4, Hanner 2, Aaron 9/12 (b. Aug), WALDEN, Andy 17 (bro in law) (T T KY), (crippled)
141. BAIRD, Harm 35 (T KY T), Annie 34 (KY T KY), Nancy 12, Mary 10, Elizabeth 8, Lucy 8, George 6, Lottie 4 (KY), Easter 10/12 (b. Jul) (T)
142. WALDEN, James 49 (T VA T) (crippled), America 42 (KY SC KY), Parley 19 (dau) (KY), Matilda 16 (KY), Zebedee 14 (KY), Matison 11 (KY), Lucy 8 (KY), Benjamin 5 (T), Prior 2, Joseph 2, Aaron 19 (nephew)
143. WALDEN, Frank 44 (T VA T), Martha 34 (wife) (T KY KY), George 14, Daniel 12, William 9, Syntha 8, Emily 7, Thomas 6, Joseph 4, Lewis 2, Sampson 4/12 (b. Feb)

Page 19, District 9

144. HATFIELD, Calvin 25, Linda 25, Joseph 1, Nancy 52 (mother) (T VA T)
145. BROYLES, George 42, Obedience 36 (T KY KY), Aaron 15, Adam 14, Felix 12, Bittie 9, Solomon 8, Bernettie 5, David 3, Jonah 1
146. OWENS, Aaron 53 (AL GA GA), America 52 (KY KY KY), William 22, John 20 (KY), James 17 (KY), Nancy 14 (T), Dyadiamy 12 (dau), Francis 10
147. LAY, James 31, Emily 31 (T T KY), Josephine 10, Mary 7, Spencer 5, Cassie 2, Lucy 2/12 (b. Mar)
148. RUNNELS, John 24 (T KY T), Mary 24 (T KY KY), Daniel 2, Kiziah 5/12 (b. Jan) (son); BRANHAM, Will 21 (no relation); BAIRD, Calvin 19 (relationship omitted), Martha 20 (wife) (married within yr)
149. BAIRD, John 20, Hanner 20 (T T KY)

CAMPBELL COUNTY (56)

Page 19, District 9 (cont'd)

150. RETHAFORD, Aaron 25 (married within yr), Sarah 20
151. AYERS, Steven 36 (VA T T), Annie 32 (T KY T), James 13, Jane 11, William 9, Nancy 6, Thomas 4, Joseph 1; RIDNER, John 20 (no relation)

Page 20, District 9

152. LITTLE, George 30 (SC SC SC), Hanner 23, Mary 3, Martha 2
153. BRANHAM, William 39 (T KY T), Nancy 28 (T Ger KY), Dicia 8 (idiotic), Albert 6, Cassie 3, Francis 1
154. MURRAY, James 43, Sarah 43; HATFIELD, Martha 20 (step dau), Thomas 14 (step son)
155. WALDEN, Benjamin 44 (crippled) (T KY T), Elizabeth 43, James 16, Sarah 15, Susan 13, William 11, Barbary 7, John 5, Julie 4, George 2
156. WRIGHT, John 25, Eliza 24, George 2, Thomas 1
157. PREE?, John 53 (cabinet maker) (GA Eng T), Mary 34 (wife) (T KY T), Hanner 10, Susan 9, William 8, Ulysses 6, Rachel 5, Emily 2
158. RUSSEL, William 56, Elizabeth 32 (wife), William 11, John 8, Sarah 5, Martha 3, Mary 5/12 (b. Dec)
159. YORK, Joseph 65, Becca 51 (wife), Lutiche 25, Syntha 23, James 21, Alvis 18, Marget 15, William 4 (g son)
160. JOHNSON, Ambrose 43 (T VA NC), Rebecca 36 (T T NC), Thomas 12 (KY), Rufus 11 (T), Jane 5, William 3, Milton 2, Hale 1, Emma 3/12 (b. Feb)

Page 1, District 10

1. DOUGLASS, S. C. 55 (widower), George W. 23 (T T KY), Lucinda 17 (dau in law) (KY KY KY), Jesse 18 (T T KY), Louiza 14 (T T KY), Lewis 9 (T T KY)
2. DAVIS, John F. 25, Phebia 27 (T T KY), Almeda 6, Aaron 4, Sarah M. 1, Rachel 5
3. DAVIS, Thomas B. 52 (KY T T), Rosanah 50 (T __ __), Mary 26, Lucy 23, George 21, William M. 19, Elias 18, Martha J. 16, Nancy 14, Braseton 14, Leroy 10
4. DAVIS, G. M. 34, Elisabeth 29 (KY T KY), Cornelia 8, Retelia 7, Mahala J. 5, Vanmeter 4, Randolph 2
5. RICHMOND, John R. 43 (KY KY T), Mary 31 (T __ __), Mary J. 9, Almedia 5, William D. 3
6. MORGAN, Jane 25 (unemployed) (T __ __), Cinthy 2 (dau) (T __ T), Mary Ann 1/12 (b. May) (T __ T)
7. PERKINS, Lewis 26, Lurana 24 (KY KY KY), Squire 4, Mary E. 3, Josiah 6/12
8. DAVIS, Aaron 24, Juliann 17 (wife) (T KY T)
9. PENINGTON, Green 33 (broken leg) (KY KY KY), Elisabeth 28 (T KY T), Noah B. 2; BLACK, George W. 18 (boarder) (T __ __)
10. HACKLER, Braxton 54 (KY VA NC), Mary A. 49 (T __ __)

Page 2, District 10

11. MARCUM, Gilbert 29, Malissa 26, James A. 5, Nancy M. 3 (KY), Thomas L. 3/12 (b. Feb) (T); SMIDDY, Reuben 24 (boarder); WILLIAMS, Sarah 24 (boarder) (T __ __); CHILDRESS, Mariah 65 (mother in law)
12. PERKINS, Prior 22 (KY T KY), Lucy K. 18 (KY T T), Mary E. 10/12 (b. Jul)
13. WALDEN, Jesse 40 (T VA KY), Matilda J. 31 (KY T KY), James W. 11, John W. 7, Calvin F. 5 (KY)
14. DAVIS, Elias R. 45 (T T KY), Margaret 40 (T T __), Ruthy 19 (KY), William R. 18 (T), Peter P. 16, Nancy J. 10, Aarom B. 8, Thomas E. 6, Cinthy r, John C. 2

CAMPBELL COUNTY (57)

Page 2, District 10 (cont'd)

15. PERKINS, Peter 20, Rachel 21 (KY T T), Squire 3/12 (b. Jan) (KY)
15. [included in 15 above but clearly a separate family]
    HACKLER, Matthew 38 (T VA NC), Emiline 39 (KY KY T), Sarah C. 14 (KY), Jacob
       11 (T), John R. 7, Rosanah J. 3; GILLMORE, Saml. 12 (nephew) (T T __)
16. HACKLER, George W. 40 (crippled) (T VA NC), Sarah M. 43, Aaron 13, Samuel
       11, William L. 9, Katharine W. 7, Mathew 3; GILLMORE, Lucy 9 (niece)
       (KY __ __)
17. SMITH, Josiah jr. 20 (KY KY KY), Hester 20 (KY KY KY), Walter 6/12 (b. Dec)
18. PERKINS, Edward 41 (T NC KY), Elender 37, Henry 16, Simon 15, Randal 14,
       Milard 12, Sarah 10, Caldona 8, Matthew 7, Malinda 3, Sampson 2,
       Cisciro 3/12 (b. Feb) (son)

Page 3, District 10

19. BOLTON, Anna 60 (widow) (NC NC NC), Henry 20 (T T NC), Prica J. 16 (dau
       in law), Andrew 14 (IN), Mary 8 (g dau) (IN T T)
20. SMITH, Josiah sr. 55 (KY KY KY), Mary 58 (KY __ T), Alace 19 (KY)
20. SMITH, Jeremiah 29 (KY KY KY), Eliza Jane 22 (KY KY KY), Mary Ann 6,
       Sarah E. 2
21. SMITH, Thomas M. 52 (clerk in store) (T KY KY), Delphia 46 (T VA NC),
       Aaron 16 (T KY T), Lucy 14 (KY KY T), Andrew J. 12 (KY KY KY),
       Matthew 10 (KY KY T), Anna 8 (KY KY T), U. S. Grant 6 (T KY T),
       Edward 5 (T KY T), Melinda 3 (T KY T), Elarado 5/12 (dau) (T KY T)
22. PENINGTON, David 31 (T KY T), Melvina 32, Nancy J. 12, John 10, Savanah 8,
       Lacy 7 (son), Lakey 4 (dau), Margaret 3, Rosanah 2, Henry M. 1/12 (b.
       Apr)
23. PERKINS, Thomas 33 (KY T KY), Nancy 34, John W. 9 (reumatism), Lafayette 6
       (KY), Matthew 1 (T)
24. HICKS, John 41 (T NC T), Susan 25 (wife) (T KY T), Thomas 10 (KY), Georg W.
       3 (T), Esther 1

Page 4, District 10

25. NUNLY, James 41 (VA VA NC), Martha 28 (wife) (VA NC NC), Robert L. 8 (KY),
       Joseph 6 (KY), Thomas D. 4 (T), Mathew A. 9/12
26. HOLT, Willson 42 (T VA VA), Mary 26 (KY T KY), Adison 22 (KY), Noah B. 14
       (KY), Martha 12 (KY), Margret 9 (T), William 1, Cinthy 6/12 (b. Nov)
27. HUDDLESTON, Marion 26, Rachel 19 (KY T KY), Elizabeth 1, Thomas 9 (nephew)
       (KY T KY)
28. LEACH, Joseph 20 (T T KY), Mary 17 (KY T KY), James F. 28 (bro) (KY T KY)
29. DICKS, Joseph 41 (VA VA VA); BOLEN, James P. 14 (servant) (KY __ __);
       BROOKS, Nancy 34 (servant) (divorced) (KY T T), William R. 5
       (Nancy's son) (KY KY KY)
30. TOW, Loransa D. 56 (diarrhea) (NC __ SC), Mary J. 36 (wife) (T T NC), Nancy
       J. 23, Mary A. 22, McCleland 15, Angeline 13 (KY), Daniel M. 8 (KY),
       Lucinda 6 (T), George W. 4, Sommerfield 1 (dau), James M. 5 (g son)
31. DICKS, Peter 35 (widower) (VA VA VA)
32. WALDON, Ann 29 (T VA T), George W. 12 (son) (KY __ T), Cansas C. 2 (dau) (T
       __ T), Midora 8/12 (b. Aug) (T __ T)
33. COOPER, James C. 37; WILLIAMS, Ailsa 39 (servant) (T __ __), Mariam 14
       (dau), Alexandre M. 8 (son)
34. WILLIAMS, Green B. 29 (KY KY __), Jame 30 (wife), Georg W. 6, Martha J. 3

CAMPBELL COUNTY (58)

Page 5, District 10

35. BOLTON, Frank 21 (KY T __), Litha M. 20 (KY __ __), John C. 1 (T KY __)
36. HALE, Silas (Mu) 32 (T KY KY), James E. (Ind) 77 (father) (KY __ __); PRUETT, Judea (W) 30 (servant) (KY KY __), Arminda (Mu) 5 (dau) (T __ KY), William 2 (son) (T __ KY), James E. 7/12 (b. Nov) (son) (T __ KY)
37. SNAPP, John (B) 30 (widower) (T __ __)
38. BENNITT, Lewis 27 (KY KY __), Elisabeth 23 (crippled) (KY __ __), Josaphine 7 (KY), Melvina 5 (KY), George W. 3 (T); SPARKS, Mary 17 (servant) (T __ __)
39. MABLEY, John 39 (T NC __), Mary A. 36 (KY __ __), Elsie J. 15 (KY), George W. 11 (T), Lucinda 10, Thos. B. 7, Doctor H. 5, Henry T. 3 (KY), Susan 11/12 (b. Jun) (KY)
40. MOBLEY, Levi 31 (T NC VA), Rebecca 37 (sis) (T NC VA), Thomas C. 5 (sis's son) (T __ T), Rachel 33 (sis) (T NC VA), James F. 3 (sis's son) (T __ T)
41. YOUNG, Charles J. 55 (KY VA VA), Virginia 39 (wife), Henry J. 9, Lewis 7, Eveline 5, Margaret 3
42. WILLIAMS, Willson 75 (T __ __), Martha 52 (wife), Luanna 29, William 17, Wimer 12 (son), Martha 16, Elisha 10, Green 10, John 8; MOBLEY, Susan 21 (dau), Marshal 1 (g son), Wm. Thos. 2/30 (g son)

Page 6, District 10

43. LUALLEN, Sterling J. 22, Mary J. 18 (child bed fever) (T T KY), William H. 5 (KY), Elizabeth 2 (KY), Marion F. 13/30 (b. May) (T)
44. BROYLES, Joel 30 (T T KY), Analiza 32, William 11, Cinthy J. 8, Andrew F. 4, Thomas M. 2
45. GAYLOR, Aaron 26, Sarah 21 (KY KY KY), Laura E. 3, Josiah 7/12 (b. Oct)
46. HATFIELD, Samuel 24, Sarah Ann 25, John B. 9/12 (b. Aug) (diarhea) (KY)
47. WALDEN, Felix 33 (T VA T), America 34 (wife) (KY __ VA), Elizabeth 7, William M. 5, Alexander 3, Nancy J. 2
48. HICKS, Caswell 24 (KY T T), Rachel 23, Eliza J. 1
49. DOUGLASS, Samuel P. 65, Leah 65 (T NC NC), Spencer L. 24, Helen 22 (dau in law), George C. 3 (g son), Lewis R. 1 (g son)
50. ARCHER, James F. 33 (T KY NC), Jane 36 (T NC NC), Ledford 9, Bascomb 8, Noah A. 6, John M. 4, Mary L. 2, Nancy E. 1/12 (b. Apr); DOUGLAS, James 20 (servant)
51. MURRAY, Joseph H. 47, Hannah 43 (T VA T), George W. 18, Emily F. 16, Thomas J. 15, Charles 13, Jesse Newton 10, Cinthy 9, James B. 7, Nancy J. 4, William M. 11/12 (b. Jun)

Page 7, District 10

52. ARCHER, Hale 31 (T VA T), Armelda 28 (T T VA), Samantha J. 10, Francis M. 8, Nancy L. 6, William M. 4, James L. 2, Susan J. 4/12
53. ARCHER, Sampson 31 (T KY NC), Susan J. 26 (KY KY KY), Marrisson 9, Natola 7, Harriette 5, George F. 3, James R. 1
54. HUBBARD, Jane 45 (married) (KY __ NC), Susan (Mu) 18 (dau) (T __ KY), Isabele 16 (dau) (KY __ KY), Green 13 (son) (KY __ KY)
55. QUEENER, Columbus 20, Jane 19
56. CAMPBELL, George W. 30 (KY T T), Elizabeth 26, Sarah J. 4, Foster 2
57. DOUGLAS, Jackson 28, Elizabeth 26 (KY KY KY), Nancy 4, THomas J. 3, Mary J. 8/12 (b. Sep)
58. DOUGLAS, Sterling 29, Nancy 29, Francis 1
59. DOUGLAS, Thomas M. 51 (physician), Nancy 48 (sick head ache) (T KY KY), Lewis 24, Cinthy 22, Richard 20, Louiza 16, Marion 15, Reuben 13, Sampson 11
60. HICKS, Thomas 50, Jane 50 (T NC NC), Susan 29 (divorced), Mary Bell 7 (g dau) (KY KY T), John W. 3 (g son) (KY KY T), Nancy J. 3/12 (b. Mar (g dau) (T NC T)

Page 8, District 10

61. DOUGLAS, William A. 59 (clerk in store), Elizabeth 49 (T T NC), Mary A. 24, Rachel 21, Sampson S. 19, Emily 17, William A. jr. 14, Willis E. 12, Lafayatte 11, Adam F. 10, Ella 8, Julia 7, Lucy 6, Almyra 4
62. SMITH, John M. 33 (KY KY KY), Susan 30 (KY KY KY), Josaphine 13, Mary 12, Emily J. 10, Jeremiah 8, James E. 6, Horace M. 4, John M. jr. 2
63. SMITH, Calom 43 (farming & preaching) (KY KY KY), Rebecca 48 (KY VA NC), John M. 19 (KY), James F. 17 (KY), William H. 16 (KY), Calvin J. 14 (T), Thomas M. 12 (billiousness), Lewis M. 9, Alvin S. 7; CONTER, Sarah 70 (mother in law) (NC NC NC)
64. PARKS, Ambrose 32 (KY KY KY), Nancy 32 (KY KY KY), James 12, Rachel 10, Nancy jr. 9, Andrew J. 6, Emily F. 4, Lucintha 1
65. SMITH, Uriah 23 (T KY KY), Samantha 25 (T T KY), Lorenzo O. 2, Alvin F. S. 10/12 (b. Jul)
66. PATRICK, George W. 23 (practicing attonrey) (KY KY KY), Amanda J. 21 (KY KY KY), Emily O. 4/12; BARTON, Felix 16 (boarder) (KY KY KY); RICE, John 22 (boarder) (KY KY KY)

Page 9, District 10

67. PATRICK, Uriah 49 (KY NC NC), Emily 46 (T KY KY), Thomas 18, Josiah 17, Emily E. 15, Uriah jr. 13, Rachel 8, Susan C. 4; SMITH, John 20 (boarder) (T T KY); NESBITTE, Willson A. 45 (boarder) (teacher) (PA __ __); ANDERSON, Orlena 38 (boarder) (spinning) (T __ __)
68. DOUGLAS, David 20 (T T IL), Nancy 21
69. DOUGLAS, Thomas Y. 53 (T NC T), Rachel 49 (IL VA IL), Aaron 17, Amanda 14, Dr. Thomas 9, Cinthy 6, Elizabeth 70 (sis) (T NC T)
70. SMITH, Andrew J. sr. 48 (T KY KY), Rachel 41 (KY KY KY), Hesekiah 19, Andrew J. jr. 16, Rachel jr. 15, Lewis A. 13, Elender 12, Sarah E. 10, James M. 8, Thomas J. 7, Mary E. 5, Lucy 3, Flora 1
71. SMITH, James 75 (KY NC T), Nancy 73 (KY NC NC); ALLEN, William 13? (boarder) (T T KY)
72. CHRISTIAN, Louiza 52 (widow) (T NC NC), Selina 31, Rufus 26, James W. 11 (g son) (fell & hurt) (T NC T)
73. LAY, Peter 45, Rebecca 46 (liver) (KY KY NC), Spencer 20 (KY), Lucinda 18 (T), Nancy 16 (KY), Sherman 14 (T), Mary Ann 12, Martha 10
74. DOUGLASS, Lucinda 60 (widow) (T VA VA), Mathew 23

Page 10, District 10

75. DOUGLAS, William P. 28, Esther 22
76. DOUGLAS, George W. 53, Nancy 53 (T T KY), William L. 20, John 17
77. BAIRD, John A. 26 (T KY T), Elizabeth 27, Connah 8 (dau), Sylvester 4, Thomas M. 2
78. WYATTE, Mary 23 (widow) (T KY T), Nancy 5 (T KY T), Rachel H. 3 (T KY T)
79. BAIRD, Joseph 58 (T NC T), Mary 56 (T NC T), Tacy 25 (dau) (st. vitus dance), Sarah 23, Jesse R. 21, Matthew D. 19, Riley C. 16, Rachel 13
80. DOUGLAS, John L. 37, Martha 41 (KY NC KY), Leah 14, Cleveland 12, Hannah 10, Sampson 7, Jesse 4
81. RICHMOND, David 20 (KY KY T), Margaret 22, William F. 1 (T KY T)
82. RICHMOND, Elias 60 (widower) (KY VA NC), Washington C. 8 (son) (T KY T)
83. DOUGLAS, Katharine 55 (widow)
84. DOUGLAS, William B. 28 (diarrhea), Connah 25 (wife) (T KY T), Nancy L. 5, Martha J. 3, Mathew E. 1; POLLEY, William 21 (boarder) (T T KY)
85. SMITH, Alvin W. 39 (clerk in store) (KY KY KY), Cinthy 39 (T KY KY KY), Williamson M. 17, James S. 15, Nancy E. 12 (asthma), Wisner F. 10, Emily E. 9, Henry E. 7, Lewis C. 5, Martha B. 2, Mary L. 6/12 (b. Nov)

CAMPBELL COUNTY (60)

Page 11, District 10

86. LAY, John R. 28, Nancy 27 (sun pain), Helen 5, George W. 3, Mary E. 3/12 (b. Mar)
87. LAY, James F. 37, Martha 27 (wife) (VA NC NC), John H. 8, Murry 6, Joseph 3, James A. 6/12 (b. Dec)
88. QUEENER, William 67, Elizabeth 63 (T NC T), Mary E. 34, Julia A. 26, John 22
89. QUEENER, Frank 35, Emily 34, Hugh W. 6, John H. 4, Sarah E. 3, Julia F. 1
90. LAY, Jesse B. 62 (KY NC NC), Connah 57 (wife) (age) (KY NC T), David 19 (fever & ague), Rebecca 13; WARNER, Connah 21 (g dau) (deaf & dumb, idiotic); LAY, Aydney 2 (g son) (KY __ T)
91. SMITH, Ewel 34 (T T KY), Zephry 33 (T KY KY), John L. 13, Sarah E. 10, Adam 9, Granville C. 7, Calvin 5, Helen 3, Samantha F. 1, Andrew 1/12 (b. Apr)
92. BAIRD, Andrew 45 (T NC T), Rachel 39, Lacy 20 (dau), Joseph 17, Millia 15 (diarrhea), David 13, Mary A. 10, Caroline 8, Almeda 5, Moses R. 1

Page 12, District 10

93. LAY, Elizabeth 33 (widow) (diarrhea), Jesse C. 12, Lacy Jane 9, James D. 7 (diarrhea), Mary Ann 4
94. ALLEN, Calvin 32, Lacy 41 (wife) (T NC T), James M. 16, John L. 14, Nancy E. 2
95. LAY, Rachel 40, Roan 14, Prior 10, Lucinda 8, Julia E. 6
96. MORGAN, Ephr 48 (T __ __), Nancy 35 (wife) (T T KY), Ellen 14, Joseph 12, Eliza J. 10, Milley C. 7, Wi-liam A. 5, Aaron 2
97. DOUGLAS, Hannah 51? (widow) (T NC T), Joseph 21, Sarah 18, Tacy J. 15 (dau); SMITH, Elizabeth 60 (sis) (T NC T)
98. DOUGLASS, William P.? 38, Susan 36 (T KY KY), Jackson 18, James S. 16, Henry 14, Thomas 11, Lucy 9, John 6, Mary J. 3, Jesse L. 1/12 (b. Apr)
99. BROYLES, Andrew F. 27 (T T KY), Sarah 27 (T T IL), Martha J. 4, Rachel R. 3, Hannah E. 1
100. BROYLES, George P. 36, Caroline 43 (T CT VA), George 13, Rhoda A. 9, William F. 6 (idiotic), John W. 4, Martha C. 1

Page 13, District 10

101. DAVIS, Frances 45 (widow), Nancy 17, Emily 16, John 14, Peter 12, Evaline 9, Hannah 7, Connah 5 (dau), Malinda 11/12 (b. Jul)
102. PERKINS, Lewis 39 (KY T KY), Mary 39, Zebadee 16, Joseph 14, Jane 11, Rachel 9, Susan 6, Sarah E. 5, Mary A. 2
103. WARREN, Orvelee 20, Louiza 22 (wife), Rufus 2
104. DOUGLASS, Elias 26, Elizabeth 21 (KY NC KY), Mary K. 1; TAYLOR, Andrew J. 8 (bro in law) (KY KY KY)
105. DOUGLAS, Thomas 26, Sarah 22
106. PERKINS, Peter 33 (KY T KY), Elizabeth 31, Thomas 14, Nancy J. 12, Lewis 10, Dempsy 8, Elias 5, William M. 4
107. DAVIS, Leroy 43, Malinda 44 (T NC T), Mary J. 23, Matilda 19, Elijah 13
108. LAWSON, James 32 (T KY KY), Ann 29
109. PERKINS, John 37 (T NC VA), Nancy 38 (womb disease) (KY KY KY), James C. 13 (KY), Dicy J. 10 (dau) (T), Phebiam 9 (dau), Amy 7, Samantha 5, Eliza 8/12 (b. Sep)

Page 14, District 10

110. BROYLES, Micheal 35, Martha 36 (KY VA SC), Rachel 15, James 13, Sarah J. 11, Thomas 8, Rhoda 6, Squire 4, Nancy A. 2, Michael C. 5/12 (b. Dec)
111. DAVIS, William M. 41, Rachel 40 (KY VA NC), Martha 12 (KY), George S. 14 (KY), William P. 11 (KY), James M. 10 (T), Jesse D. 9, Lewis C. 8 (MO), Michael B. 2 (T)

CAMPBELL COUNTY (61)

Page 14, District 10 (cont'd)

112. BOLEN, Allen 57 (broken leg) (KY NC NC), Elizabeth 53 (KY KY KY), Joel M. 16,(KY), Louiza 14 (KY)
113. BOLEN, Andrew 20 (cut foot) (KY KY KY), Arminda 20 (KY KY KY), Allen G. 1 (KY)
114. BAIRD, Jesee 25 (T KY NC), Sarah 23 (MO T T), Hiram 19 (bro) (T KY NC)
115. LOUDERMILK, John 45 (GA GA GA), Emily 48 (KY NC NC), William M. 17 (KY), Sarah A. 16 (KY), James 14 (KY), John 12 (KY), Granville 9 (KY), Emily 3 (KY)
116. MARTIN, Jeremiah 54, Aletha 44, Delily 25 (KY), Mary S. 17 (KY), Nancy K. 15 (KY), William R. 5 (T), Sarah J. 1 (g dau) (T T KY)
117. ROMAIN, Leah 51 (widow); LAY, Rachel 24 (dau) (MO T T)
118. MAGEE, John 44, Sarah 39 (T NC NC), Louiza J. 16, Rachel 14, Charles 13, Michael 10, Hannah C. 7, Julian 4 (dau)

Page 15, District 10

119. PERKINS, Edward 44 (T NC T), Rebecca 47, William R. 24, Mary Jane 22, Malista 20, John 18, Cinthy 16, Emiline 13, Sterling 11, Lucy 9, Joseph 6, Rebecca 1 (g dau)
120. PERKINS, Peter 36 (T NC T), Lurana 43 (wife) (T NC T), Joseph 8, Marion B. 6 (son); ALLEN, Calvin 16 (stepson); WILSON, William C. 67 (bro in law) (T NC T), Griffin D. 19? (nephew) (KY T T)
121. BAIRD, Joseph B. 25 (T KY T), Hannah 26, Nelly J. 5, Jesse R. 4, Rebecca E. 2, James C. 6/12 (b. Dec)
122. BAIRD, Lewis 22 (married within yr), Nancy J. 18
123. BAIRD, John L. 48 (T NC T), Hannah 41, Tacy 17 (dau), Rachel 16, Mary E. 13, Nancy 11, Peter 8, William 6, Malinda J. 3, Matthew 6/12 (b. Dec)
124. BROYLES, William 25, Rebecca 24, Joseph L. D. 2, Squire 24 (bro)
125. PARKS, Jesse B. 33 (KY KY KY), Mary 37 (T KY NC), William F. 9, Ambrose 8, Fado 6 (son), Loransa Don 3, Susan J. 2; SNYDER, Roan 17 (step dau); PERKINS, William 78 (father in law) (attends on mill) (KY NC NC)

Page 16, District 10

126. DAVIS, George 73 (attends grist mill) (T VA VA), Mary 72 (T NC NC)
127. REYNOLDS, John 54 (KY NC KY), Mary 53 (T KY VA), Elias 18 (T KY KY), Mary jr. 14 (KY KY KY), John jr. 12 (KY KY KY)
128. SMIDDY, Calvin 24, Lucy 16 (wife) (KY KY KY)
129. PERKINS, Sterling 24 (KY T KY), Rachel 19 (KY KY KY), Matilda J. 9/12 (b. Aug) (T KY KY)
130. TAYLOR, Daniel 23 (KY KY KY), Nancy J. 24 (KY KY KY), Lewis B. 1, Alvin W. 6/12 (b. Nov)
131. ROSS, Calvin 42 (hauling saw longs) (KY KY T), Jane 41 (KY KY KY), John H. 17 (KY), Martha M. 14 (KY), Susan J. 11 (KY), James C. 7 (KY), Reuben H. 4 (KY), Joseph M. 2 (KY)
132. HATFIELD, Joseph 43 (KY KY __), Margaret 37, Alexander 16, Mary J. 15 (apoplexy), Sarah 12, William 10, Minerva 8 (KY), Nancy 2 (KY)
133. PERKINS, Calvin 26 (KY T KY); BAIRD, Elizabeth 24 (boarder) (divorced) (T KY NC), James B. 2 (boarder's son) (T KY T)
134. TOPEL, George P. 24 (KY Ger T), Martha J. 26, Sarah E. 5 (KY), Hannah D. 3 (T), Mary E. 1
135. PRUETTE, John E. 37 (VA MD VA), Martha J. 30 (VA VA NC), Edner 8 (dau) (VA), Nenar 6 (dau) (VA), Emory C. 2 (VA); HARRIS, Samuel 15 (servant) (NC NC NC)

CAMPBELL COUNTY (62)

Page 17, District 10

136. CRISCILLIS, James 38 (KY T KY), Eliza 35 (KY KY KY), Mary S. 15 (KY), William 13 (T), Martha J. 11, Caswell 8, Joseph 6, Susan Josaphine 1, Martha A. 23 (sis) (KY T KY)
137. TOPEL, John C. F. 51 (attending grist mill) (Ger Ger Ger), Rachel 40, Calvin 19 (KY Ger KY), Joseph 17 (KY Ger KY), Sally 15 (KY Ger KY), Amanda 13 (KY Ger KY), Helen 10 (KY Ger KY)
138. CREEKMORE, Caswell 59 (KY NC KY), Mary 59 (KY T __)
139. DOUGLAS, John jr. 26, Surelda 20 (T KY KY), Joseph 1
140. DOUGLASS, Aaron 27, Nancy Jane 24 (T KY KY), Elizabeth 3, Alford 2; NICKS, Esther 17 (boarder) (T __ KY)
141. LAY, John D. 33, Minta 26 (wife) (heart disease) (T KY KY), Nancy 7, Jasper C. 4
142. MORGAN, John 38 (KY T KY), Helen 30 (T KY KY), Ida 12, Elijah 10, Thomas 9 (KY), Green 6 (KY), Lewis 4 (T), James 2
143. PARKS, Nancy 42 (KY T NC), Ambrose 8 (son) (T MO KY)
144. HATFIELD, John 71 (T T GA), Sarena J. 71 (consumption) (NC NC NC), Susan C. 38 (KY)
145. HATFIELD, Alexander 24 (KY T NC), Nancy 25 (T T KY), John A. 6, James J. 5, Mary L. 2, Jesse 9/12 (b. Sep)

Page 18, District 10

146. SMITH, Abraham (T KY KY), Jane 28 (NC VA KY), William R. 10 (T T KY), Josiah 4 (KY T KY), James 1 (T T KY); BROOKS, Phebe 73 (mother in law) (KY VA VA)
147. DOUGLASS, James W. 32, Elizabeth 33, Ellen 12, Susan 11, Robian 10 (dau), Rachel 9, Hannah 7, Laura 6, John 4, Lether 2 (son), Sarah 2/12 (b. May)
148. KING, John N. 58 (T SC AL), Nancy E. 48 (NC SC NC), Joel 21, Margret 19, William V. 17, Charles W. 13, Green B. 11, Thomas P. 8, Lewis C. 4
149. CAMPBELL, Laban 29, Elizabeth 25, Sarah 6, George W. 3
150. BALLARD, Ruben T. 31 (NC NC NC), Hannah 29, George M. 9, John A. 7, William F. 5, Thomas J. 3, Cinthy J. 7/12 (b. Feb)
151. DOUGLASS, John 49, Leah 41, William O. 20, Malinda J. 19, Elizabeth 17, Nancy A. 15, Matthew 13, Stephen A. 11, Lucy H. 8, Thomas W. 4, Mary K. 1, Elizabeth sr. 67 (sis)

Page 19, District 10

153. NUN, Preston 21 (KY T KY)

Page 1, District 12

1. ROOKARD, James 50 (T VA T), Elizabeth 48, Shoried 22 (son) (KY), Jane 13 (KY), Malinda 12 (T), Emilee 7, William 6, Nancy 81 (mother)
2. SHARP, George M. 29 (crippled, Allice E. 25 (KY KY KY), Eliza M. 5, Charley V. 3; JOHNSON, Emilee 66 (mother in law) (KY)
3. TOMPSON, Lewisey 38 (widow) (VA VA VA), July A. 10 (dau) (T T VA), Mary 7, Steverson 6
3. LAWSON, Rebeca 68 (widow) (VA __ __), Ellen 30 (VA VA VA), Martha 28 (T)
4. RECTOR, Andrew 68 (NC NC NC), Kissie A. 36, Crisley 16 (T NC NC), Florence 6 (T NC NC); HOUSTON, John 12 (stepson) (T KY T)
5. LAWSON, Bettie 35 (widow) (VA VA VA), Crissey 15 (dau) (T VA VA), Ellen 13, Bettie 11, Jonah 7, Winney 5, James 3
6. RECTOR, Nancy 27 (NC NC NC), Walter 7 (son) (T NC T), Barney 5 (dau), George 8/12 (b. Sep)
7. PARROTT, Ledford 49 (T VA VA), Martha J. 43, Henry E. 21, George W. 18, Ruben L. 16, William N. 14, DeWitt 12, Maggie L. 7, Mollie B. 6

Page 2, District 12

8. SHARP, Robbert B. 35, Mary C. 28 (T NC NC), Wiley R. 7, Rocksey A. 4 (dau), Loransey 2 (son), Martha 3/12 (b. Feb)
9. WEBB, John C. 41 (huckster), Eliza J. 35 (KY KY KY), George T. 14 (KY), Allice E. 10 (T), Mary E. 8, James W. 6; GRANT, Thursie 23 (servant)
10. SHARP, G. Washing 67 (widower) (T NC NC); WILLS, Mollie 27 (dau); SHARP, David H. 24; WILLS, Annie B. 7 (step dau) (T VA T)
11. ROOKARD, Tyree 26 (mechanic), Mary M. 24 (wife) (NC NC NC), Mary E. 8/12 (b. Oct) (KY T NC), BUCKNER, Harrett 13 (sis in law) (KY NC NC)
12. CROSS, Henry T. 28 (T T __), Nancy 21, Dicy E. 2, Illey E. 5/12 (b. Jan) (dau)
13. MUSE, James 36 (KY KY KY), Emilee 43 (wife), Luvenia J. 11, Eliza 6, Emmer 4, James 3; BOWLING, Annie 23 (step dau); MUSE, John C. 62 (father) (KY VA NC)
14. SHARP, Mary 36 (divorced) (crippled), William 2, James 6/12 (b. Jan)
15. BAIRD, William 39, Armelda 38 (T IL T), Josiah 18, Silvania 16, James 14, John M. 12, Travis 8, Eliza J. 5, Amanda 3
16. NEIL, Daniel 35 (crippled) (T __ T), Louesy 34 (T KY KY), Lizzie 11, Kissie A. 6 (dau), Joseph F. 4

Page 3, District 12

17. JOHNSON, James 61 (widower) (T VA VA), Sarah L. 15, Rachael 13, Horace 11, Margaret 8; HATFIELD, Mary 49 (servant), James 23 (servant)
18. JOHNSON, William 58 (T VA VA), Jane 23 (wife)
19. SHOOTMAN, Robt. 66 (T VA VA), Nancie 68 (T VA VA)
20. ALLEN, William 49 (T T VA), Catherine 42 (T VA VA), George 19, Sarahan 16, Rebeca 14, Zebide 11, Malinda 9, Lewis 6, Archibal 5, Prior 1

Page 4, District 13

1. COX, John 33 (NC NC NC), Parsidia 32, Thomas 11, Allice 9, Delila 7
2. ADKINS, Henry 38 (widower) (T NC NC), Lucinda 14, William 12, Salinia J. 9, Nancie C. 7; CRABTREE, Marget 28 (servant)
3. ADKINS, John 78 (NC NC NC), Mary A. 73 (VA VA VA)
4. HUCKABY, Salitha 48 (widow) (T NC VA)
5. BOSHEARS, Jacob 35, Martha 27, John M. 3, Salitha 1
6. BOSHEARS, Jerry 60 (T NC T), Annie 58, Catherine 14, Starling 18 (T NC T)
7. SANDERS, Dock 19 (T KY T), Sarah 19
8. HILL, Richard 25, Maryan 15
9. HUCKABY, Margaret 27, Elisia 5 (dau)
10. ADKINS, Ewel 25, Sarah 25, Rosalia 5, Arbannia 1; DAY, Rodyan 15 (f) (servant); HUCKABY, Armstrong 20 (relationship omitted)

Page 5, District 13

11. ADKINS, Thomas 43, Kissie J. 40, William 17, Sherwood 14, Mary J. 13, James W. 10, Martha 8, Peter 5, Forster 1
12. WOODS, Maynard 26 (T __ T), Catherine 22, Steve 2; BOWLING, Annie 24 (servant)
13. SILCOX, Levi 41, Margaret 39, Kissie 10, Henry 7, Charley 5, James A. 3, John M. 7/12 (b. Nov); READ, Ewel 15 (servant) (T VA VA)
14. HUCKABY, Comadore 56 (Eng Eng Eng), Terrizer? 36 (wife), Parsidia 18 (dau), Comadore 13
15. HUCKABY, Presley 24, Allethy 22, Alford 1
16. HUCKABY, Starling 22, Annie 20, Comadore 1, Ely 2/12 (b. Apr)

CAMPBELL COUNTY (64)

Page 5, District 13 (cont'd)

17. CROSS, Ewel 35 (T T KY), Martha 34 (NC NC NC), William H. 5, Mary A. 4, James A. 2; WILLIAMS, Jacob 79 (father in law) (T VA VA), Sarah 76 (mother in law) (T T __)

Page 6, District 13

18. LAY, Rachael 33 (T T __); COX, Mary 72 (boarder) (VA NC NC)
19. CROSS, Milton 32 (T T KY), Magusta 21 (wife) (T T NC), Maynard 7, Lenard 2, Mary 25 (sis) (T T KY)
20. BOSHEARS, Andrew 37, Caroline 27, James W. 9, Nancy 5, Lewis 1
21. ADKINS, William 26, Jane 26, Jesse 6, Peter 5, Emilee 3, Mary E. 2, Michael 1
22. NEAL, Bart 32 (T KY T), Elizabeth 30, James M. 7, Rachael 4, Sarah J. 2, Isaac 1
23. ADKINS, Lemuel 25 (T T KY), Drusie 25 (wife)
24. WOODS, Steve A. 65 (T NC NC)
25. CLAXTON, John 50, Mary 47 (T VA VA), Sarah A. 23, Mary E. 21, Fronia 13, Caswel 12, Calvin 9, Delilah 6, Peter 1 (g son), William R. 7/12 (g son); CHAMBERS, Wimer 20 (m) (servant)

Page 7, District 13

26. SMITH, Edward 65, Isaphany 59 (wife) (KY T KY), Frederic 30 (divorced) (KY T T), CHAMBERS, Mary 14 (g dau)
27. YUNT, Telitha 22, Napoleon 3 (son), William 3/12 (b. Mar)
28. CRABTREE, Jesse 82 (gunsmith) (VA VA T), Sarah 45 (wife), Ransom 30 (stepson), SHOOTMAN, Robt. 17 (servant); CRABTREE, Ellen 6 (step dau)
29. BIRD, Johnathan 23, Emaline 19, Mary J. 2
30. BIRD, Comfort 50 (widow), Patsie 13, Sarah M. 11
31. CLASTON, William 25, Sarah 21, Delilah 2, William 3/12 (b. Mar)
32. CLAXTON, James 22, Elizabeth 20, Allice 5, Delilah 3, Mollie 1, Delilah 70 (mother) (NC NC NC)
33. STIDAM, Caroline 50 (widow) (VA NC NC), Thornton 19 (VA NC NC), Lee McTeer 14 (VA NC NC), Judia 8 (VA NC NC)
34. ADKINS, Henry 63 (T NC NC), Elizabeth 60 (T NC NC), Allen 62 (bro in law) (blind) (T NC NC)
35. MUSE, Isaac 34 (KY KY KY), Elizabeth 29, Nancie 6, John P. 5, William 2 (KY), Peter C. 8/12 (b. Oct) (T)

Page 8, District 11

1. PERKINS, Edward 69 (widower) (__ __ __), James 27 (T __ __), Prior 21 (T __ __); SMIDDAY, John 12 (servant)
2. PERKINS, Thomas 30, Mary 30 (KY KY NC), Sarah 6 (KY), Lucy 4 (MO)
3. PERKINS, Nancy 36
4. BARRON, Calvin sr. 59, Connie 59 (wife), Hannah 22
5. BARRON, Calvin jr. 20, Jane 20
6. BARRON, Thomas 32 (T __ T), Nancie J. 34, William 10, Connie 7 (dau), Pollie 7
7. PERKINS, John L. 45 (crippled), Martha C. 40, Peter C. 17, William R. 16, Margaret E. J. 13, Sarah E. 11, John T. 9, James 7, Mary E. 4 (disease of bowels), Nancy J. 2, Marth E. 3/12 (b. Mar)
8. JEFFERS, William J. 40 (T T VA), Anjaline E. 38 (KY NC T), Pastely 15, Betty A. 14, Uorlenia 12, Ulises 7, Rufes L. 3, Hellen R. 1
9. HICKS, William 39, Pernetia 43 (wife) (T T VA), Champion 15, Mary E. 13, Zebide 12, Rachael E. 7, William L. 4, Pernetia 2, Caloway M. 10/12 (b. Apr)

CAMPBELL COUNTY (65)

Page 9, District 11

10. FREEMAN, Charles 28 (T KY KY), Rachael 21, Stacy J. 4 (dau), Samuel 2, Rosey E. 8/12 (b. Sep)
11. ALLEN, John 62 (T VA VA), Nancie 61, Jane 27, William 17 (g son), John F. 12 (son), Tacy 1 (g dau)
12. BROWN, Joseph 37 (T NC NC), Elisabeth 37 (T KY KY), Mary J. 18, Nancy E. 16, Riley 13, Cintha 10, James 6, George V. 2, Henry B. 11/12 (b. Jul), Riley sr. 70 (father) (NC NC NC), Elisabeth 73 (mother) (NC NC NC)
13. BROOKS, George 59 (T VA VA), Barbary 45 (KY KY KY), William P. 31, Elizabeth 28 (insane) (KY), Rachael 5 (T); ABBET, Bettie A. 18 (step dau) (KY KY KY)
14. BAIRD, Ewell 23 (widower) (T __ KY), Jessee 4/12 (b. Jan)
15. WIATT, John 69 (T __ T), Rachael M. 55 (wife) (KY T KY), James T. 25 (KY), Nancie 20 (KY), Jane 16 (KY), John S. 14 (KY)
16. HICKS, Roads O. 33, Iras 28 (wife), Roda 13, Rachael 9, William 7, Sarah 5 (KY), Sousan 3 (KY), Elizabeth 2 (T), Thomas 1
17. DOUGLASS, Andrew 23, Elizabeth 21 (T __ KY), William Z. 8/12 (b. Oct)

Page 10, District 11

27. DOUGLASS, Nancie 37 (widow) (T T KY), Lucy A. 12, George F. 10, John L. 9 (KY), Ginsie 6 (dau) (T), Palestine 4 (son)
28. JOHNSON, Martin 49 (mechanic) (T __ __), Sarah 43 (T NC VA), Jane 20, Samuel 16 (GA), Eliza 13 (T), Maggie 11, Sousan 9, George T. 7, Andrew 5, Ader 3 (dau), Joseph 1, Julia A. 3/12 (b. Feb) (g dau)
29. LAY, William L. 70 (T VA __), Elizabeth 41 (wife) (KY VA T), Berry B. 24 (teacher) (crippled), Louisey 6, Jane 4, Calvin S. 2, Samantha 2/12 (b. Apr); DOUGLASS, George 9 (g son)
30. LEWELLEN, Ewel 29, Louisey J. 22 (KY T KY), Samuel 7, George W. 4, Rebeca 2, LAY, William B. 84 (boarder) (NC NC NC)

Page 11, District 11

18. LAY, James 46, Thursie 47 (T CT T), John L. 20, George M. 19, Mary A. 15, William 13, Andrew 10, Sarah E. 9, Harvie J. 6
19. POWERS, John 56 (widower) (KY VA T), William 18 (KY KY SC), Rebeca 13 (KY KY SC)
20. POWERS, Jessee 50 (KY VA T), Sousan 49 (KY KY KY), Pernelia 28 (KY), Margaret 26 (KY), Anderson B. 18 (KY), Jessee 12 (KY), Nancie 14 (KY), Eliza 11 (KY), Charles M. 8 (T)
21. LEWELLIN, Lusia 54 (mechanic) (NC __ __), Rachael 43 (wife) (T __ __), Jessee F. 7, Haley M. 3 (dau)
22. HAWKINS, Charles 35 (T __ __), Martha 22 (wife), William 13, John 11 (T __ T); HUCKABY, Hugh 6 (step son) (T __ T); HAWKINS, David 2 (son) (T __ T)
23. LAY, Prior 37, Rebeca 34, Cintha 14, Hannah 8, Michael 6, Lucie 4, Joseph 2/12 (b. Mar)
24. LAWSON, Matison 22 (T KY KY), Mary 22 (KY KY KY), Louisey 2 (T T T), Elizabeth 3/12 (b. Feb) (T T T)
25. LAWSON, Henry 57 (KY KY KY), Sarah 59 (KY __ KY), GIBSON, Manervia 5 (g dau) (T T KY)
26. McCULLEY, Frank 25 (KY T KY), Delila 23 (T KY KY), Mary E. 2, Allice 2/12 (b. Apr)

Page 12, District 11

27. BAIRD, Lewis 34, Mary 31, Aaron 12, Emley E. 9, Malinda 7, George T. 4, William F. 3/12 (b. Mar) (liver & stomach)

CAMPBELL COUNTY (66)

Page 12, District 11 (cont'd)

28. BAIRD, Jessee 53 (KY NC VA), Louisey 43 (wife) (T T KY), James F. 16, Milton E. 13, Mary E. 11, Rachel 10, Hellen N. 8, Thomas M. 6, Michael L. 2
29. BAIRD, Lewis M. 20 (T T KY), Mary A. 22 (married within yr)
30. BAIRD, David 34 (T T NC), Febie 30 (T KY KY), Samuel 12, William 10, Joshuway 8, Annie 5, George 2
31. LAWSON, Andrew 55 (KY SC __), Elizabeth 53 (KY KY KY), George W. 22, Francis M. 20, William 18, Elizabeth 16, Nancie L. 14, Emiline 12
32. LAY, Jessee C. 43 (T T KY), Jincy 31 (wife) (KY KY KY); PEACE, Julia 20 (uncle) (KY KY KY); LAY, Milton 14 (servant); MARTIN, Ulices 4 (a home)
33. TRAMEL, Elizabeth 25, Martha 6 (dau), Rachael 4 (dau), Necie 3/12 (b. Mar) (dau)

Page 13, District 11

34. SMITH, William 36 (T T KY), Hannah 35 (KY T KY), Prior 18, Ellen 12, John M. 10, Sampson 8, Jessee 6, Daryan J. 4 (dau), Joseph 2
35. LAY, Spencer jr. 36, Martha J. 40 (T KY KY), George W. 16, Jessee 13, Hansford 10, Starling 7, Ewell 4, Mary A. 1
36. LAY, Thomas 34, Miles 33 (wife) (KY T T), Lucinda 9 (KY T T), James S. 8 (T T T), Calvin M. 5 (KY T T), Nancy E. 5 (KY T T), Prior P. 4 (T T T), Laury B. 3 (T T T), Hannah 2/12 (b. Mar) (T T T)
37. GIBSON, Zachry T. 26 (T T KY), Emilee 28 (T KY KY), James C. 5, Catherine 2, George T. 8/12 (b. Sep)
38. LAY, William D. 52 (T NC VA), Nancy 49 (KY SC SC), John 20 (KY), Michael 15 (T), Wimer 13, George F. 11, Thomas 7; JEFFERS, Sarah 14 (servant) (KY T KY)
39. GIBSON, James C. 22 (T KY KY), Rebeca 24 (T T KY), Julia 4, Almeda 2, Malinda 58 (mother) (KY KY KY) (crippled); HUCKABY, Lewisey 18 (servant)

Page 14, District 11

40. PERKINS, Joseph 39, Robby 32 (wife), Kelly 13 (son), Tennessee 11, Florence 9, Charley 6
41. LAY, Calvin 23, Hannah 24 (T __ T), Nellie J. 1, Andrew 13 (nephew)
42. BAIRD, Silus 26 (T T KY), Louisey 18, Benjamin 3/12 (b. Mar)
43. BAIRD, Mary A. 50 (KY NC KY), Louisey 14 (dau) (T KY KY), Richard 11 (son), Diedima 9, Mary A. 14 (g dau), Julia E. 10 (g dau)
43. SMITH, Perry 22 (T KY KY), Mary A. 17 (T T KY), Laury Bell 1
44. SMITH, John 64 (KY VA VA), Helen 58 (fever) (KY __ __), Helen jr. 15 (fever), BAIRD, John S. 21 (boarder) (T KY T); PERLEY, Eben 70 (boarder) (hatter) (MA MA MA)
45. LAY, Amanda 33 (married) (T T __), John 11 (idiotic), Sarah 7, Mary 5, Wiley 2
46. WOOSLEY, Hesacire 64 (VA VA VA), Hannah 53
46. [following family is combined with #46 above; relationship of the two not given] JORDAN, William A. 54 (NC NC NC), Rebeca 37 (wife) (VA T T), Emaline 13, William 11 (crippled) (KY), John 9 (T), Candas 7 (son), Media 6 (dau), James 4, Critt 1 (son); LAWSON, Sarah 69 (mother in law) (crippled)
47. PERKINS, Prior 63 (crippled) (T NC NC), Elizabeth 61, Richard 29 (lawyer); JOHNSON, Eliza 20 (servant), Olly L. 1 (f) (dau of Eliza?); COLLINS, Robbert (Mu) 22 (servant)

Page 15, District 11

49. STANFILL, Michael 23, Elizabeth 21, China 1 (dau)
50. SEXTON, Caswell 45 (T __ T), Malinda P. 30 (wife), James M. 15, William 13, Sarah 12, Andrew 10, Thomas 8, Nanie 4, Martha M. 2

CAMPBELL COUNTY (67)

Page 15, District 11 (cont'd)

51. STANFILL, Sampson 80 (widower) (NC NC NC)
52. STANFILL, Lewis 48 (widower) (T NC KY), William C. 16 (T T KY), Sousan 14 (T T KY)
53. DOUGLASS, Mary A. 43 (widow), Nancy A. 19, Jane 12, Zachariah 16
54. SEXTON, James 60, Sarah 55 (NC NC NC), Ewell 19, Sally A. 16, Margaret 13, John 9
55. PHILLIPS, Ewell 40, Arminda 38 (T T NC), Sarah E. 18, Johnathan 15, James 13, Arrass 11 (dau), Daniel C. 8, Mary E. 8, Nancy J. 6, Rebeca 2
56. BOTTS, Thomas 35, Nancy 40 (wife) (T NC NC), Rebeca J. 8, Martha 6, Emaline 4, Sarah S. 2 (KY); MOORE, Jerry 20 (stepson), Calvin 18 (stepson)
57. SMIDDAY, Betty 35, Sally A. 18 (dau), Mariah 11 (dau), James 8 (son)

Page 16, District 11

58. TERRY, Marion 35, Patsie A. 34, Elijah 12, James E. 10, William H. 8, John 6, Charley 1; SMIDDAY, Retuly 14 (step dau), China 12 (step dau), Katie J. 9 (step dau)
59. LAY, Eli-abeth 28 (widow), Rebeca 9, Sally 7, Mary 4, not named 2/12 (b. Mar) (son)
60. HONEYCUTT, William 27, Lewisey 22, Nancy 2, Emilee 1
61. MERIDITH, James 23 (T VA VA), Sarah 28, Thomas 1; HICKS, Caswell 65 (step father) (cancer on face) (T NC NC), Martha 63 (step mother) (T VA T); TERRY, Rosie 22 (servant)
62. SHARP, Nancy 40 (T __ NC), James 15 (son), Washington 13 (son), Hiram 12 (son), Martha R. 7 (dau), Isam 4 (son)
63. SHARP, Riley 21 (inflammatory fever), Eliza J. 22 (married within yr); LAY, Lewesey 21 (sis in law)
64. ALLEN, Hiram 29 (T NC NC), Mary J. 29 (T T KY), Savannah 10, Marshall 7, George T. 6, Cintha 4, Joseph 8/12 (b. Oct)
65. SHARP, John 23, Martha 18 (T T KY), Rachael 7/12 (b. Nov)
66. STANFILL, Milton 60 (KY NC KY), Rachael 55 (KY NC VA), Jessee 16, Elizabeth 14, Lewisey 12, William 9 (idiotic)

Page 17, District 11

67. COKER, Ezechael 67 (widower) (grist mill opperative), Narsiss 20 (dau), Roda 15
68. STANFILL, James 53 (KY NC KY), Cinda 53 (T NC T), Milton 20, William 17, Samantha 15, Jane 13, Margaret 10, Hiram 8; COKER, John 10 (servant)

Page 18, District 11

70. BAIRD, Travis 23, Rachael 21 (married within yr)
71. SMITH, Isaac 36 (KY KY KY), Conny 34 (T KY T), Josiah M. 16, Mary E. 15, Hannah 13, D'Mont. C. 11, William 9, George C. 7, Alvin 5, China 3 (dau), Isabella 1
72. LAY, Spencer sr. 68 (KY NC VA), Lucy 64 (T NC NC); STANFILL, Joseph 17 (g son); BAIRD, Mary 16 (servant)
73. JOHNSON, William 31, Lydia 34, Lewis 5, Meldia 4 (dau), Andrew 4/12 (b. Jan)
74. BAIRD, Joseph 80 (T __ __), Rachael 77 (NC __ __); LAY, Lydia 56 (dau) (widow)
75. RECTOR, Franklin 30 (T NC NC), Martha 27, Laura 4, Hugh L. 9/12 (b. Mar)
76. JEFFERS, Pleasant 43 (mechanic) (T __ __), Charlotte 45 (T VA VA), Kissie 10, John C. 7, Brunette 5 (dau)
77. BAIRD, John L. 29 (T T KY), Katie 26 (T KY KY), William D. 7, Mary A. 3, Greenbury 1
78. MERIDETH, Pleasant 49 (VA NC NC), Mahaley 47 (VA VA VA), Stokely 15, Hannah 11, Prior 9, Cinda 6, Sampson P. 3

CAMPBELL COUNTY (68)

Page 18, District 11 (cont'd)

79. MERIDETH, Russel 19 (T VA VA), Elizabeth 21, Lenard 2, Sampson 6/12 (b. Jan)

Page 19, District 11

80. LAY, Jackson 24 (T NC T), Eliza Jane 23 (T VA VA), Amanda 2, Winna 1/12 (b. Apr)
81. MERIDETH, John 28 (VA VA VA), Rebeca 25 (T KY T), James P. 6, Tivas 4 (son), William O. 3, Julia 3/12 (b. Mar)
82. HATFIELD, George 20 (T T NC), Elizabeth 17 (married within yr) (T VA VA)
83. BROYLES, Aaron 50 (T NC __), Flamon 35 (wife) (T __ NC), Dovie 9, Annie 7, Ellen 3
84. GIBSON, George 38 (T KY KY), Sarah 35, Sampson 17 (KY), Francis M. 14 (T), Adilade 9, Prior 7, Mary B. 3, Elizabeth 9/12 (b. Sep)
85. GRANT, Henry 42 (T CT VA), Rebeca 36, Caroline 16, Sarah 14, Emarine 13, Aaron T. 12, John F. 10, Amanda 9, Milton U. 7, Eliza Jane 6, Abagil 4, William 3, Lillian 5/12 (b. Jan); BROYLES, Abbie 52 (sis) (T CT VA)
86. HATFIELD, Aaron 28, Elizabeth 28, Flemontine 5 (dau), James 2, George 1
87. GAYLOR, Mary 60 (widow) (T NC NC), Aaron 25 (T NC T), Sousan M. 22 (wife) (T NC T), Mary E. 5 (dau) (T T T), Rachael 3, Hannah 4/12 (b. Feb)

Page 20, District 11

88. BAIRD, Prior 37 (T NC VA), Nancie 35 (T KY KY), George T. 13, Alferlina 12, Caroline 10/12 (b. Aug); HICKS, Noah 12 (servant), Abraham 10 (servant), Almedia 6 (relationship omitted); HATFIELD, David 35 (no relationship)
89. BRANNUN, Robt. 18 (IN IN T), Charity 26 (wife) (KY KY KY), Calvin 3/12 (b. Mar)
90. SHARP, James 39, Mary A. 44, Elizabeth 17, Joseph 15, Emaline 13, Cintha 11, Martha 9, Horace 4
91. TOMPON, Jerry 21, Nancie 19 (T T VA), George F. 1
92. ALLEN, Nancie 45 (widow) (KY VA VA); TOMPON, John 19 (son) (T T KY), Lewis 1y (son); ALLEN, James 8 (son)
93. SHARP, William 35 (widower) (Car Buncle) (T NC NC), John L. 14, Martha 11, Emilee 9, Martha sr. 72 (mother) (NC NC NC)
94. SHELTON, Margaret 48 (widow) (T __ T), William 20, Naoma 18, Joseph W. 16, Lindsay 13, Nancie D. 9, Dovie A. 4
95. LAWSON, Archibal 36 (VA VA VA), Cintha 32 (T KY T), Lauraville 6 (dau), Lucy E. 5, Stokely 3, Milton 2, Riley 1; COLLINS, Joseph 8 (step son); MERIDETH, O. F. 21 (m) (boarder) (T VA VA)

Page 21, District 11

96. SUMNER, Joseph 33 (KY VA KY), Mary E. 28 (KY NC NC), Elizabeth 10 (KY), James 8 (KY), Mark 5 (KY), Jesse 1 (T)
97. GIBSON, Francis 33 (T KY KY), Mary A. 13 (KY T KY), Nancie A. 13 (KY T KY), Malinda 9 (T T KY), Malania 9 (T T KY), Travis 6 (T T KY), China E. 3 (dau) (T T KY), Marrass 6/12 (b. Nov) (son) (T T KY)

INDEX

The index applies to this booklet only. It includes
the names of all heads of household plus individuals
whose surnames differed from that of the head of
household. The name is followed by the person's age,
the booklet page number and then the household number
as it appears on the original schedules.

ABBET, Bettie A. 18, 65-13
ACOCK, Ure J. 8, 2-49
ADKINS, A. T. 50, 16-1
    Alvis 53, 30-197
    Betsy 55, 11-49
    Dick 22, 30-204
    E. 56, 30-201
    Ellen 12, 32-256
    Ewel 25, 63-10
    George 27, 17-35
    Henry 38, 63-2
    Henry 63, 64-34
    James 31, 54-113
    John 78, 63-3
    John T. 39, 17-38
    Lemuel 25, 64-23
    Lewis 56, 18-48
    M. 23, 30-202
    Milton 22, 18-50
    R. 19, 30-199
    T. 55, 25-75
    Thomas 43, 63-11
    W. L. 40, 29-169
    Wash. 35, 16-177
    William 26, 64-21
AGEE, Henry C. 29, 1-1
    J. H. 53, 1-26
    John C. 28, 2-41
ALBERT, J. H. 35, 13-104
    Sarah C. 10, 1-15
ALBRIGHT, John 32, 7-183
ALEXANDER, Cumins 50, 38-153
ALLEN, Calvin 32, 60-94
    Calvin 16, 61-120
    George 19, 24-37
    H. 24, 29-171
    Hiram 29, 67-64
    John 62., 65-11
    M. 11, 26-103
    Nancie 45, 68-92
    William 49, 63-20
    Wm. 35, 26-96
    William 13, 59-71
ANDERSON, Orlena 38, 59-67
ANDREWS, R. A. 42, 11-48
    Richard 74, 11-45
    W. W. 25, 11-70
ARCHER, Hale 31, 58-52
    James F. 33, 58-50
    Sampson 31, 58-53
ARCHEY, Harm 22, 53-98
    Susan 59, 54-101
ARTHER, Silas 40, 38-145
ARTHUR, Volentine 35, 22-163

ATKINS, William 40, 41-231
AULBAN, Jackson 31, 41-227
AULT, J. W. 39, 31-230
    Richard, 21-145
    Sallie 77, 18-51
AYERS, Cain 40, 55-131
    Claiborn 32, 54-122
    Elihu 27, 53-81
    Elihue 61, 65-103
    Elihue 23, 54-204
    Elkany 52, 51-37
    Emma 19, 54-124
    James 25, 54-105
    James 34, 54-121
    James 62, 54-110
    John 31, 53-73
    John 63, 54-107
    Mary 26, 55-128
    Peggee 28, 53-92
    Peggie 28, 51-35
    Steven 36, 56-151
    William 30, 54-111
    William 27, 54-123
    William 22, 51-38
AYRES, Fulmore 23, 4-112
    James 32, 4-111
    William 61, 33-3
BAILEY, John 55, 4-120
    Karwell 23, 4-123
BAIRD, A. 30, 33-unnumbered
    Andrew 45, 60-92
    Calvin 19, 55-148
    David 34, 66-30
    Elizabeth 24, 61-133
    Ewell 23, 65-14
    Harm 35, 55-141
    James B. 2, 61-133
    Jesee 25, 61-114
    Jessee 53, 66-28
    John 20, 55-149
    John A. 26, 59-77
    John L. 48, 61-123
    John L. 29, 67-77
    John S. 21, 66-44
    Joseph 58, 59-79
    Joseph 80, 67-74
    Joseph 29, 55-140
    Joseph B. 25, 61-121
    Lewis 22, 61-122
    Lewis 34, 65-27
    Lewis M. 20, 66-29
    Martha 20, 55-148
    Mary 16, 67-72
    Mary A. 50, 66-43

CAMPBELL COUNTY (72)

BAIRD, Prior 37, 68-88
    S. B. 38, 26-83
    Silus 26, 66-42
    Travis 23, 67-70
    William 39, 63-15
    William 35, 55-137
    William 62, 55-136
BAKER, Evins 55, 5-148
    G. W. sr. 58, 3-68
    G. W. jr. 25, 3-65
    John 27, 6-149
    Mary 36, 26-94
BALEY, Frank 32, 39-180
    James jr. 48, 46-134
    James sr. 81, 46-132
    Thomas 45, 45-98
BALLARD, Cilus 54, 48-180
    John 39, 1-2
    Ruben T. 31, 62-150
BARLEY, George 37, 51-41
BARLOW, D. 50, 31-223
BARNETT, N. C. 35, 23-8
BARRON, Calvin jr. 20, 64-5
    Calvin sr. 59, 64-4
    Thomas 32, 64-6
BARTON, Felix 16, 59-66
    R. 36, 30-192
BASHARES, Elizabeth 48, 15-159
    Lindsay 31, 15-157
BAXTER, Hannah 40, 11-55
BEACH, William 33, 18-43
BEARD, James 30, 48-162
BENNITT, Lewis 27, 58-38
BERRY, George 18, 54-124
BEWLING, James 40, 51-24
BIBEE, J. M. 42, 26-87
BILITER, Nancy 57, 39-185
BIRD, Comfort 50, 64-30
    Johnathan 23, 64-29
BLACK, George W. 18, 56-9
    John 44, 1-10
    Lewitha 66, 10-28
    Linda 17, 8-218
    M. 28, 31-240
    Nancey 34, 10-29
BOATRIGHT, Thomas 34, 37-139
BOID, Charles 78, 40-208
BOLEN, Allen 57, 61-112
    Andrew 20, 61-113
    James P. 14, 57-29
BOLINGER, H. H. 23, 6-178
    Mary A. 52, 6-176
    Preston 28, 6-169

BOLTON, Alvis 22, 53-84
    Anna 60, 57-19
    Frank 21, 58-35
    Henry 28, 53-79
    Hiram 63, 53-78
    Hiram 33, 52-54
    John 68, 51-27
    John 31, 53-94
    Joseph 37, 50-21
    Louis 26, 2-61
    Thomas 71, 53-99
BOND, Allen 30, 15-160
BONER, D. C. 36, 4-101
BONHAM, J. S. 55, 20-104
BOOTH, Columbus 45, 54-125
    Thomas 22, 53-83
BOSHARES, Catherine 14, 15-174
    Elizabeth 7, 15-173
    W. H. 28, 15-171
BOSHEARS, Andrew 37, 64-20
    C. 10, 31-239
    George 22, 2-37
    J. W. 55, 3-92
    Jacob 35, 63-5
    Jerry 60, 63-6
    Liney 56, 2-31
    Martha 26, 2-39
    Susan 19, 2-32
BOTTS, Thomas 35, 67-56
BOWLIN, Enoch 35, 33-16
    William 67, 46-121
BOWLING, Annie 23, 63-13
    Annie 24, 63-12
    Luke 28, 32-248
    M. A. 21, 26-87
    U. L. 2, 26-87
BOWMAN, E. 63, 25-71
    L. 25, 31-221
    W. 38, 24-37
    W. 29, 25-72
    William 24, 37-120
BRADEN, George jr. 48, 43-45
    George sr. 87, 43-44
    George W. 29, 43-48
    James 22, 44-74
BRAMHAN, Alexandre 31, 51-31
BRANAM, Alex 31, 53-89
    James 41, 53-96
    John 65, 52-51
    Sarah 69, 53-95
BRANUM, Louis 33, 3-84
BRANHAM, Hillery 35, 55-133
    Will 21, 55-148
    William 39, 56-153
BRANNUN, Robt. 18, 68-89

BRANTLEY, Luther 25, 5-139
    Margret 58, 5-138
BRANSCOMB, M. 13, 24-47
BRANTON, Thos. 47, 11-64
BRANUN, James 30, 45-102
    Jonathan 29, 2-36
BRASCHER, Thomas 33, 5-141
BRATCHER, B. F. 47, 45-90
    Belle A. 20, 43-58
    Elizabeth 37, 38-158
    William T. 30, 47-159
BRIDGES, Andrew 45, 7-202
    Elijah 27, 50-3
    Martha J. 10, 8-225
    William H. 23, 8-218
BROILS, James 35, 40-197
    James L. 24, 19-91
BROOKS, George 59, 65-13
    Jane 39, 17-35
    Nancy 34, 57-29
    Phebe 73, 62-146
    William R. 5, 57-29
BROWN, Eli 52, 27-120
    Ellen 58, 11-63
    F. L. 35, 14-146
    G. W. 23, 27-121
    Henry 32, 6-152
    Jas. 84, 12-80
    James 44, 48-179
    James R. 65, 6-151
    John 38, 6-153
    Joseph 37, 65-12
    Katharine 35, 3-94
    Salsberry 62, 46-128
    Samuel 46, 4-113
    Samuel V. 25, 46-129
    Susan 32, 46-130
    William 63, 53-75
    William 27, 8-217
BROYLES, A. 58, 29-167
    Aaron 50, 68-83
    Abbie 52, 68-85
    Andrew F. 27, 60-99
    Arta 18, 54-122
    George 42, 55-145
    George P. 36, 60-100
    Joel 30, 58-44
    Michael 35, 60-110
    P. A. 18, 29-167
    Riley 35, 25-73
    Samuel 48, 53-97
    William 25, 61-124
BRUCE, J. 38, 29-184
    John 38, 29-179
    Kiah 46, 52-56

BRUCE, Melia 77, 50-13
    Robert 52, 52-65
    Sarah 67, 52-62
    Thomas 77, 50-13
BRUMMET, David 26, 35-75
    N. J. 20, 23-4
BRUMMIT, George 21, 35-76
    Hitch 31, 35-77
BUCKNER, Harrett 13, 63-11
BULLOCK, Aron 58, 6-172
    Burton 37, 13-119
    Elisabeth 85, 17-36
    Frank 63, 21-128
    John 36, 21-138
BUNCH, John 33, 21-153
BURASS, Liza J. 22, 35-80
BURGE, George 21, 22-187
    Henry 49, 22-181
    Nancy 25, 22-167
    Robin 57, 22-186
    Susie 20, 22-189
BURK, James 28, 41-226
    Mary 21, 41-227
BURRAS, John 34, 21-149
    Samuel 22, 21-151
    T. N. 63, 21-150
BURRASS, A. 30, 22-168
    Marintha 49, 35-79
    W. 30, 28-142
BURRIS, Emily 45, 12-74
    Jacob 26, 1-18
    Matthew 19, 18-44
    Pinkney 35, 11-73
BURTON, Etna J. 44, 13-121
    J. 12, 25-75
    John 13, 30-189
BUTLER, David C. 34, 45-96
    James G. 45, 47-138
    Joseph 25, 49-200
    Nancy 11, 46-122
    Robet 66, 44-59
CAIN, Jack 30, 25-65
    Jacob 64, 41-220
    James 27, 41-225
    John F. 49, 41-3
    Julia A. 16, 41-6
    Lavina 60, 40-207
    Nancy 56, 43-36
    Russel 21, 42-32
CAMPBEL, Frank 38, 51-40
CAMPBELL, Cooper 28, 9-232
    George W. 30, 58-56
    Hughes 28, 36-95
    James 49, 54-124
    Jerry 50, 53-80
    John 63, 52-49

CAMPBELL COUNTY (74)

CAMPBELL, Laban 29, 62-149
    Murray 31, 53-88
    Nancy 16, 38-162
CANADA, Elizabeth 19, 21-126
    Goleman 40, 22-169
    Martha 2/12, 21-126
    Martin 35, 22-158
    Mat 65, 22-176
    Richard 34, 22-160
    Sterling 39, 22-161
    Thos. 17, 21-126
CANNON, Wm. 36, 24-33
    William 60, 8-222
CANTREL, J. P. 24, 28-155
    N. J. 40, 28-156
CARMON, Jony M. 15, 44-67
CARREL, Henry 35, 41-218
    Matison 50, 34-45
    William 50, 39-167
CARRELL, James 6, 4-95
    Morton 42, 54-109
    William 48, 53-77
CARROL, James 30, 47-159
CARROLL, Andy 4, 22-168
    Bird 44, 20-113
    Elizabeth 58, 2-40
    Jeb 7, 22-168
    John 69, 22-185
    John 63, 49-189
    King 39, 22-184
    Mary 50, 43-56
    Neton 14, 22-168
    Sampson 23, 22-182
    Sarah 12, 22-168
CARSON, Isac 57, 52-63
    Isac 59, 36-110
    John 35, 54-127
    Peter 25, 21-135
CARVER, John 25, 13-115
    Mark 25, 12-82
    Maynard 18, 6-172
CATES, Andrew 28, 35-64
    Greenberry 72, 19-79
    J. W. 35, 26-81
CHADWELL, Alx 52, 29-164
    Duff 72, 50-6
    J. 21, 24-32
    Jackson 38, 52-70
    James 37, 50-4
    James 17, 51-40
    P. 23, 29-165
    William 26, 52-69
CHADWICK, Jos. 32, 18-68
CHAMBERS, Mary 14, 64-26
    Wimer 20, 64-25
CHAPMAN, Alvis 29, 34-34

CHAPMAN, H. 22, 28-158
    Joel 65, 33-21
    John 70, 37-140
    John 45, 28-145
    Mary 11, 5-136
    Rebecky 60, 5-136
    Sally 70, 38-143
    Thos. 83, 19-83
    Thomas 59, 4-104
    U. 8, 25-67
    Wm. 13, 23-23
    _____ 47, 24-43
CHAPWAUL, Nannie 4, 32-260
    Tennie 6, 32-260
CHILDRESS, Elisabeth 46, 42-21
    James M. 37, 42-17
    Joel C. 42, 47-142
    John 10, 42-21
    Lizzy 9, 42-22
    Mariah 65, 56-11
    Marvel 52, 44-70
    Moss 13, 42-13
    Peter M. 30, 42-18
    R. L. 45, 41-5
    William 65, 8-221
    William 40, 49-211
CHRISMAN, S. W. 32, 32-254
CHRISTIAN, Alvin 23, 7-201
    Louiza 52, 59-72
CLAIBORN, Andrew 18, 46-119
    C. M. 31, 42-11
    Frank 28, 45-85
    J. M. 35, 42-12
    James R. 23, 44-75
    John H. 41, 44-79
    Robt. M. 48, 42-13
    Sherman 14, 46-118
    Taylor 33, 43-37
CLANTON, Levi 44, 37-126
CLARK, Nancy 49, 27-104
CLASTON, Wi-liam 25, 64-31
CLATFELTER, Cas. 50, 28-152
    J. 48, 29-181
    John 26, 28-148
    S. L. 34, 28-149
CLAXTON, James 22, 64-32
    John 50, 64-25
CLEPPER, John 49, 52-68
    Thomas 24, 52-60
CLODFELTER, B. 23, 25-60
CLOTFELTER, D. H. 51, 29-168
CODY, Nancy 38, 32-259
COKER, Ezechael 67, 67-67
    J. A. 46, 11-60
    John 10, 67-68
    Thomas 53, 18-42

COLE, John 63, 16-12
    John P. 57, 18-61
COLLINS, Joseph 8, 68-95
    Josh 34, 29-177
    Kate 37, 29-175
    Mary 51, 29-176
    Robbert 22, 66-47
COMER, F. M. 35, 7-182
    Henry 29, 4-110
    James 6, 30-210
    John 44, 5-132
    Levi L. 35, 2-45
CONDRAY, Paris 35, 35-58
CONTER, Sarah 70, 59-63
COOPER, Addie 55, 14-145
    Alvis 66, 13-117
    Bettie 14, 25-73
    Calvin 29, 42-28
    D. 54, 25-73
    Ed 57, 24-48
    Eli 56, 16-181
    Eli 32, 8-212
    H. 50, 25-73
    Isaac 32, 9-7
    J. M. 23, 25-53
    Jack 54, 54-116
    Jas. 26, 16-180
    James? 81, 38-150
    Jas. B. 22, 13-100
    James C. 37, 57-33
    Jo 20, 12-95
    M. S. 45, 19-85
    Peter 32, 14-144
    Richard 19, 9-18
    Sarah 18, 9-6
    Thomas 18, 9-10
    Thomas 26, 13-98
    U. S. G. 10, 25-73
    W. 20, 28-133
    W. P. 51, 11-53
CORNUTT, James H. 38, 48-185
COX, Abraham 55, 6-161
    Caswell 17, 18-69
    Cinthy 30, 54-101
    George 33, 2-57
    Henry 47, 13-102
    Hiram 50, 29-162
    James 27, 3-69
    Jno. 28, 14-138
    John 25, 30-215
    John 33, 63-1
    John 57, 2-58
    John P. 9, 10-23
    John W. 6, 54-101
    Mary 72, 64-18

COX, Maynard 22, 6-160
    Palina 20, 18-69
    Polley 100, 2-62
    Silmour 23, 13-115
CRABTREE, Jesse 82, 64-28
    Marget 28, 63-2
CRAIG, Alvis 33, 8-224
    John 23, 32-250
    Mary 64, 8-219
    Summer 33, 51-30
CRAVENS, Abbie 45, 14-139
CRAWFORD, J. D. 15, 23-23
    William 50, 34-47
CREEKMORE, Caswell 59, 62-138
CRISCILLIS, James 38, 62-136
CRITHFIELD, James 35, 46-117
    Mattie 14, 46-116
    Provy 55, 45-103
CROSS, Ab. 21, 21-145
    Ewel 35, 64-17
    Henry T. 28, 63-12
    Milton 32, 64-19
CRUTCHER, S. 24, 28-151
CRUTCHFIELD, Farom? 38, 7-204
CURNUTT, Jackson 50, 48-169
DABNEY, D. R. 45, 24-30
    G. B. 32, 17-20
    Melinda 55, 17-37
    Prior 30, 9-17
    Spenc 35, 17-39
DAGLEY, Cintha 2, 1-14
    John 66, 13-101
    Loucy 18, 1-14
DARITY, Cresa 12, 20-111
    Bithana 10, 20-111
    Gerah 22, 22-174
    James 36, 22-188
    L. 21, 21-127
    Martha 6, 20-111
    Peggie 4, 20-111
    Powel 22, 21-123
    Ruben 8, 21-129
    Sallie 8, 20-111
    Thomas 14, 20-111
    Wm. 16, 20-111
DAVID, J. 22, 29-180
    Jula A. 2, 19-94
    Neal 58, 35-83
    Saml. 8, 30-194
DAVIS, Aaron 24, 56-8
    Betsy 63, 38-149
    E. 39, 31-222
    Elias R. 45, 56-14
    Frances 45, 60-101
    G. M. 34, 56-4

CAMPBELL COUNTY (76)

DAVIS, George 73, 61-126
    James 33, 7-185
    John 40, 40-194
    John 37, 18-57
    John F. 25, 56-2
    Leroy 43, 60-107
    Thomas B. 52, 56-3
    William 75, 49-205
    William 60, 35-85
    Wm. 49, 19-87
    William M. 41, 60-111
DAY, James 32, 51-29
    Jerry 19, 15-168
    Rodyan 15, 63-10
    Serilda 43, 15-168
DEAN, M. 30, 23-12
DELAP, D. S. 32, 23-25
    Phoeba 60, 23-23
DE TAVERNIER, F. 45, 31-220
DEVANPORT, Stevan J. 54, 8-223
DEW, David 42, 18-45
DICKINSON, George 24, 40-213
DICKS, Joseph 41, 57-29
    Peter 35, 57-31
DICKSON, Rockus 22, 17-23
DIKE, Henry 45, 45-107
    William 51, 45-93
DILLAN, John 81, 32-253
DISNEY, Elisha 45, 16-6
    John 55, 10-42
DIXON, N. 21, 28-159
DOBSON, David T. 9, 9-17
    Howard 14, 9-17
    Jas. F. 11, 9-17
DOPETT, James 61, 43-34
    John W. 37, 42-30
DOSSETE, Henry 45, 27-125
DOSSETT, Alfred 38, 47-140
    Alfred 67, 41-223
    Andrew J. 33, 47-152
    Ann 52, 41-216
    Calvin 60, 47-148
    Crutha J. 14, 47-153
    Eliza 16, 47-142
    Franklin 28, 47-149
    George W. 32, 47-142
    Isabell 51, 41-219
    J. 93, 27-104
    John 51, 8-227
    Robert 57, 40-215
    Thomas 23, 41-221
    Wealthy 90, 35-69
    William 53, 38-155
    William 34, 41-222
DOUGLAS, Amasa 56, 54-100
    Campbell 36, 53-90
    David 20, 59-68

DOUGLAS, George W. 53, 59-76
    Hannah 51?, 60-97
    Jackson 28, 58-57
    James 20, 58-50
    John jr. 26, 62-139
    John L. 37, 59-80
    Katharine 55, 59-83
    Sterling 29, 58-58
    Thomas 26, 60-105
    Thomas M. 51, 58-59
    Thomas Y. 53, 59-69
    William A. 59, 59-61
    William B. 28, 59-84
    William P. 28, 59-75
DOUGLASS, Aaron 27, 62-140
    Andrew 23, 65-17
    Elias 26, 60-104
    George 9, 65-29
    James W. 32, 62-147
    John 49, 62-151
    John 48, 35-78
    Lucinda 60, 59-74
    Martha 25, 44-79
    Mary A. 43, 67-53
    Nancie 37, 65-27
    S. C. 55, 56-1
    Samuel P. 65, 58-49
    William P.? 38, 60-98
DOWEL, F. 29, 25-69
    R. 72, 26-103
DUCKWORTH, Elizabeth 15, 10-40
DUN, Ann 18, 43-52
    Sarah 22, 43-52
DUNCAN, Jas. 20, 27-111
    Sam 26, 43-55
DUNHAM, Jefferson 50, 34-35
DUNKIN, C. T. 46, 18-63
    Z. T. 21, 18-64
DUPEE, Granvil 20, 55-135
DUTTON, Sterling 24, 25-50
EAST, Charles 27, 34-32
    James 39, 40-204
    Richard 35, 37-138
    Thomas 77, 34-33
EASTER, Madison 59, 4-96
EDMONDSON, C. 32, 23-4
EDWARDS, M. 50, 32-253
ELISON, Dolly 66, 39-167
    Harrison 20, 45-99
ELKINS, David 24, 9-14
ELLET, Franklin 24, 49-208
ELKINS, J. W. 30, 10-26
    James P. 38, 18-66
    Mariam 53, 9-18
    Payton 78, 26-86
    Sallie 71, 19-87

ELLIS, George 30, 38-156
    Peter H. 26, 38-157
    Zachriah 24, 34-42
EVANS, Calvin 58, 16-9
    Isaac 20, 19-95
FERREL, S. O. 51, 41-1
    Wesley 22, 44-79
FIBBS, Wayne 26, 31-241
FIRST?, Daniel 25, 8-213
FISHER, John 8, 36-90
FORD, Boon 23, 33-9
    C. 19, 26-85
    Daniel 35, 49-196
    Isaac 25, 8-225
    Isaac 23, 3-80
    Isac 52, 36-101
FORD, Jackson 28, 48-181
    Nancy 50, 27-130
    Randolph 21, 34-38
    Stepen 33, 3-82
    Stepen A. 51, 3-81
    Thomas 22, 35-78
    Wilson 33, 35-79
FORRESTER, E. 16, 25-68
    J. H. 21, 25-67
FORTNER, Alice 8, 54-114
    James 18, 54-114
    Johnie 16, 54-114
    Nancy 11, 54-114
FOUS, John 25, 10-28
FOUST, Easter 61, 8-205
    George 34, 7-200
    William 40, 7-193
FRAMMEL, Nancy 21, 55-137
FRANKLIN, Mary 63, 1-11
FRASIER, Archelle 59, 45-84
FREEMAN, Charles 28, 65-10
    James 30, 45-100
FRITZ, L. J. 42, 11-46
GALLET, George 15, 23-23
GARDNER, Z. 69, 25-62
GARMAN, Arenia 16, 11-63
GARNER, John 49, 18-54
GAYLER, James 45, 51-42
    Joseph 30, 53-86
    William 38, 53-83
GAYLOR, Aaron 26, 58-45
    Betsy 40, 14-125
    George 34, 53-85
    Mary 60, 68-87
    Sherman 2, 14-125
    Thomas 23, 11-59
    Thomas 77, 10-31
    William 28, 18-44
    William 47, 18-65

GEORGE, Bery 15, 39-167
GERMAN, Eli 14, 14-126
    Grandvill 38, 36-112
    Isaac 67, 12-76
    John 54, 11-57
GIBSON, Francis 33, 68-97
    George 38, 68-84
    James C. 22, 66-39
    Manervia 5, 65-25
    Zachry T. 26, 66-37
GILBERT, Dick 12, 43-56
GILLMORE, Lucy 9, 57-16
    Saml. 12, 57-15
GIVING, Mary 43, 44-80
GLEASON, J. N.? 41, 31-225
GLEN, Madison 65, 3-66
    William 20, 38-165
GLENN, Brownlow 23, 5-125
GOINS, Alvis 19, 47-144
    Alvis 27, 40-176
    Annie 33, 19-90
    Delfy 67, 47-144
    Franklin 26, 39-182
    Gravel 22, 47-145
    Isham 43, 47-147
    James 55, 48-177
    Joseph 32, 9-19
    Marshall 23, 47-146
    Marthy 58, 19-82
    Thomas 20, 39-184
    William 50, 19-89
    Wyette 27, 39-189
GOODMAN, Albert 19, 19-94
    Jim 19, 17-40
    John 54, 20-99
    Robert 22, 11-58
GOOSE, E. D. 65, 9-8
GORMAN, J. 65, 31-236
GOUD, Martin 30, 45-89
GOZA, Z. F. 35, 25-63
GRAHAM, N. 25, 32-245
GRANT, Henry 42, 68-85
    J. C. 25, 6-164
    James H. 70, 1-10
    John 23, 1-11
    K. B. 34, 6-163
    Rufus M. 55, 1-12
    Sallie 52, 31-230
    Thursie 23, 63-9
GRAY, B. 65, 30-200
    Ed 38, 24-49
    Joseph 57, 36-91
    Mary 26, 52-68
    Sarah 3, 52-68
    T. B. 25, 16-176

CAMPBELL COUNTY (78)

GRAYHAM, C. 45, 24-42
    G. W. 38, 28-133
    J. H. 28, 25-51
GREEN, Grigory 29, 38-163
    John 57, 5-140
    Micheal D. 54, 47-135
    R. S. 61, 27-116
    Reuben 53, 5-142
    Robert 22, 27-131
    Wm. 32, 26-102
    William 41, 1-7
GREER, Rosanah 41, 35-73
GREGORY, Catharine 45, 44-82
GREIZELLE, J. 69, 32-262
GRIGORY, John 37, 38-162
    Mary 39, 37-137
    Nancy 35, 40-214
GRINDLE, Thos. 40, 32-255
GROSS, Abram 37, 9-9
    Amon 41, 16-185
    Amon 34, 11-50
    Andrew 32, 16-3
    G. W. 39, 24-31
    I. F. 29, 9-15
    Mary 77, 9-10
GWINN, D. 33, 26-99
HACKLER, Braxton 54, 56-10
    George W. 40, 57-16
    Matthew 38, 57-15
HAGGARD, George M. 10, 6-164
    James 79, 19-88
    Jane 71, 19-88
    Loucinda 42, 6-164
    Mandy J. 13, 6-164
HAIL, George 49, 36-93
    Killas 53, 36-97
    Wm. 53, 25-54
HALE, Joseph 41, 28-151
    Silas 32, 58-36
    Wm. 39, 28-147
HALFAKER, Richard 60, 49-212
HALL, W. C. 55, 26-86
HALSON, Armelda 16, 52-72
    Silas 7, 52-72
HAMBLETON, James 40, 20-102
HAMELTON, J. 56, 29-178
HAMONS, Wm. 21, 20-103
HAMPTON, George 45, 37-127
    Lidy 81, 36-98
HANKINS, Sam 91, 8-215
HANLEY, J. M. 37, 24-29
HARDEN, Thos. D. 85, 44-66
HARLESS, John 21, 5-129
    William 50, 5-137
HARMAN, Elizabeth 27, 11-63
HARMON, Clara 56, 18-49
    E. 15, 27-114

HARMON, E. 58, 28-132
    J. M. 21, 11-47
    John 20, 28-160
    Manual 21, 14-142
    Mat 15, 19-73
    Mike 21, 21-144
    Nancey 52, 10-31
HARNESS, Nancy 69, 1-6
HARREL, Betsy 79, 18-47
HARRIS, Hanah 71, 36-108
    John 36, 20-110
    Samuel 15, 61-135
    William 36, 36-100
HART, Betsy 73, 23-9
    E. 50, 23-7
    E. 56, 23-18
HATFIELD, Aaron 28, 68-86
    Alexander 24, 62-145
    Calvin 25, 55-144
    David 35, 68-88
    Freeman 18, 53-85
    George 20, 68-82
    John 71, 62-144
    Joseph 43, 61-132
    Martha 20, 56-154
    Mary 49, 63-17
    Samuel 24, 58-46
    Thomas 14, 56-154
HATMAKER, Cal 28, 14-129
    Cornelius 45, 14-133
    Dan. 52, 17-16
    D. 44, 12-87
    Geo. 77, 14-128
    Geo. 36, 10-30
    George 21, 6-167
    Isaac 27, 12-77
    J. E. 46, 33-249
    J. F. 30, 12-78
    Jacob 96, 11-67
    Jacob 35, 13-120
    Jacob 44, 14-135
    Jas. 62, 14-126
    John 47, 20-117
    Jno. 19, 14-132
    Jno. 48, 14-134
    Jos. 36, 11-66
    Joseph 26, 14-124
    Jos. 80, 13-115
    L. 30, 14-127
    Lacy 47, 14-125
    Louis 25, 6-168
    N. 21, 11-68
    Sarah 48, 14-131
    Wm. 85, 14-137
    Wm. 51, 16-4
    Wm. 49, 12-85
HAWKINS, C. S. 26, 21-143

HAWKINS, Cal. 26, 21-140
    Charles 35, 65-22
HAYS, John M. 47, 1-17
HEART, D. 65, 31-218
HEATHERLEY, A. J. 59, 1-24
    Alexander 57, 3-85
    G. W. 37, 1-8
    George 24, 3-86
    J. M. 26, 1-25
    James 65, 9-230
    John 26, 4-115
    Leroy 23, 1-5
    Stephen 29, 3-88
    Thomas 52, 1-4
    Thomas 24, 9-233
    William 30, 4-116
    William 30, 4-116
    William 47, 4-103
    Tempuna? 45, 47-153
HEERIN, Delana 29, 2-30
    James 51, 2-29
HENDERSON, Walker L. 37, 36-104
HENDRICKS, Allen 60, 19-93
HENEGER, Mary 20, 48-174
    Thomas G. 2, 48-174
    Thomas J. 18, 48-174
HENNIGER, Hiram 39, 49-198
HENSELY, L. J. 48, 27-110
    Thomas 31, 49-191
HERREN, J. L. 37, 30-188
HICKS, Abraham 10, 68-88
    Almedia 6, 68-88
    Caswell 65, 67-61
    Caswell 24, 58-48
    D. 17, 29-173
    Esther 17, 62-140
    J. 77, 23-19
    John 41, 57-24
    John 56, 43-57
    Lucy 30, 55-132
    Martha 63, 67-61
    Noah 12, 68-88
    Roads O. 33, 65-16
    Thomas 50, 58-60
    Wm. 33, 29-185
    William 39, 64-9
HIETT, John 45, 36-87
HILL, Hardy 54, 44-66
    Hasel 35, 52-66
    James 12, 42-22
    Kimel 51, 8-229
    Lize 30, 40-199
    Mary 18, 43-33
    Narvel 39, 8-228
    Nathaniel 35, 45-91
    Nettie 32, 20-101

HILL, Peter 31, 43-54
    Richard 25, 63-8
    Robert 40, 42-16
    William 42, 42-19
HOBBS, J. R. 24, 26-82
HODGE, Thomas 2, 18-51
HOLINGSWORTH, Daniel 66, 4-109
HOLIWAY, Melvina 13, 18-63
    Eliza 60, 18-63
HOLLINGSWORTH, J. C. 38, 26-91
    James 33, 40-200
    R. 42, 31-219
HOLT, Charloty 30, 34-45
    Edy 55, 34-45
    Willson 42, 57-26
HONEYCUTT, William 27, 67-60
HOOD, E. 26, 28-144
    John 14, 24-41
    Sue 45, 28-143
HOOKS, Geo. 50, 11-61
HOPE, Jordan 48, 24-28
HORTON, F. D. 27, 32-257
HOUSLEY, Frank 28, 49-202
    James 34, 3-76
    John 65, 48-171
    Peter 40, 3-83
    Pleasant 22, 3-78
    Pleasant 36, 49-188
    Robert 61, 3-77
HOUSTON, John 12, 62-4
HUBBARD, Jane 45, 58-54
    Marion 35, 42-23
HUBORD, Allen 70, 43-39
HUCKABY, Armstrong, 63-10
    Comadore 56, 63-14
    Hugh 6, 65-22
    Lewisey 18, 66-39
    Margaret 27, 63-9
    Presley 24, 63-15
    Salitha 48, 63-4
    Starling 22, 63-16
HUDDLESTON, Jane 35, 51-27
    Ledford 7, 51-27
    Lizzie 45, 50-23
    Marion 26, 57-27
HUDDLESTONE, Joseph 46, 54-106
HULLET, Sarah 66, 18-60
HUNLEY, J. H. 45, 24-41
    Parlin 18, 16-15
    R. M. 30, 29-261
HUNTER, Eliza 36, 11-65
    J. C. 46, 26-95
    John jr. 29, 27-113
    John 57, 23-1
    S. F. 32, 27-115
HUSBARD, Willace 45, 35-63

CAMPBELL COUNTY (80)

HUTSON, Alice 12, 25-66
 Anthony 38, 10-25
 Eura 52, 19-88
 Isaac G. 26, 11-52
 J. B. 58, 11-54
 Reuben 36, 13-106
 Richard 30, 48-170
 T. W. 30, 10-23
 William 50, 4-99
 William R. 39, 7-191
IRWIN, Francis 26, 8-206
 Fredrick W. 29, 8-214
 George 24, 8-211
 George 33, 39-181
 James 65, 41-228
 M. F. 38, 7-192
 Nathaniel 40, 7-188
 Rufus 29, 8-210
IVENS, James 59, 43-49
IVEY, Wm. 19, 30-191
IVUS, Franky 26, 38-149
 John 43, 34-29
 John 23, 38-149
 William 21, 38-148
 William 59, 38-146
IVY, Alexander 23, 37-142
 Elisha 36, 33-16
 Hagam 16, 33-17
 Huston 47, 34-39
 James 39, 33-26
 James 22, 33-13
 James T. 48, 45-95
 John 20, 39-190
 John A. 26, 33-18
 Joseph 50, 37-135
 Leander 30, 33-12
 Nancy 47, 33-23
 Nancy 87, 37-134
 Robert 56, 33-14
 William 38, 47-143
 William 25, 33-27
IZLEY, L. 54, 26-90
JEFFERS, Pleasant 43, 67-76
 Sarah 14, 66-38
 William J. 40, 64-8
JENNINGS, John 34, 25-68
JOHNSON, A. D. 23, 18-70
 Ahas 65, 18-69
 Ambrose 43, 56-160
 Ben 33, 19-72
 Eliza 20, 66-47
 Emilee 66, 62-2
 F. 22, 28-160
 G. W. 52, 1-15
 George W. 32, 6-175
 J. S. 30, 13-107

JOHNSON, J. W. 29, 23-10
 James 61, 63-17
 John 24, 11-62
 Martin 49, 65-28
 Mary 15, 31-231
 Olly L. 1, 66-47
 Rau. M. 31, 16-14
 Richard 35, 52-53
 Samuel 23, 11-49 Thos. 20, 19-71
 Wm. 55, 32-264
 William 31, 67-73
 William 58, 63-18
JOHNSTON, J. E. 26-89
 W. E. 23, 25-54
JONES, Cintha 48, 2-43
 Cleveland 50, 21-125
 Isaac N. 50, 5-127
 James 25, 21-133
 John 76, 3-73
 John R. 33, 46-114
 M. 19, 23-15
 Nancy 49, 41-224
 Sallie 41, 12-92
 Sarah 21, 38-165
 Thomas 50, 34-53
 Thomas 54, 3-70
JORDAN, Wm. 47, 29-170
 William A. 54, 66-46
JOURDEN, James 35, 51-46
 John 34, 51-45
 Rachel 66, 51-43
KALLOON, Hiram 22, 17-23
KARROLL, Acely 21, 22-171
KEARNEY, J. S. 35, 25-78
KECEY, Chapman 22, 39-173
KEENEY, W. M. 30, 33-30
KEITH, Nancy 98, 15-159
KELTON, Wm. 37, 23-17
KESTERSON, Carter 26, 16-13
 Henry 27, 16-2
 John 62, 17-21
 M. J. 24, 32-244
KILBORN, Elija C. 53, 42-22
KILBY, Wm. 31, 10-20
KIMBERLAND, Elisabeth 50, 47-160
 Henry 18, 49-199
KINCAID, Alex 30, 26-98
 Alvis 35, 37-123
 D. C. 24, 23-14
 E. 30, 27-105
 G. W. 17, 26-87
 George 36, 37-131
 Isac 20, 40-196
 J. 4, 27-105
 James 55, 4-117
 James 32, 35-61

CAMPBELL COUNTY (81)

KINCAID, James 23, 42-27
    John 64, 34-50
    L. 1, 27-105
    L. R. 38, 26-97
    Lavina 3, 33-7
    Lemuel 28, 7-184
    Louis 23, 45-88
    Lucy 15, 24-32
    M. 34, 31-231
    Martha 40, 33-7
    Mary 20, 45-88
    Milly 55, 34-54
    Nancy 8, 35-62
    Pattie 38, 37-133
    Peter 30, 31-232
    Rachel 85, 44-64
    Robt. 38, 19-87
    Sneed 26, 40-198
    Vain 80, 19-88
KING, John N. 58, 62-148
KINTZ, Kitty 40, 28-134
KIRKPATRICK, B. 25, 26-103
LAMAR, Charles 27, 46-123
LAMB, Susan 20, 44-78
LAMBDIN, James 25, 50-8
    Sam 52, 50-10
LANE, Joseph 12, 15-159
    Martha 14, 15-159
    Robert 25, 44-78
    Sarah 53, 15-159
LANGLEY, John 38, 31-227
LARGE, Thomas 59, 40-199
LASLEY, Josph 26, 44-83
LAWSON, Andrew 55, 66-31
    Archibal 36, 68-95
    Bettie 35, 62-5
    C. 31, 29-174
    Catherine 4/12, 15-174
    D. J. 49, 23-6
    Henry 57, 65-25
    James 32, 60-108
    John 73, 15-168
    Margaret 17, 15-174
    Matison 22, 65-24
    Maynard 21, 15-174
    Rebeca 68, 62-3
    Ruse 27, 44-76
    Sarah 69, 66-46
    T. 39, 23-5
LAY, Amanda 33, 66-45
    Calvin 23, 66-41
    David 35, 49-192
    Elija 30, 49-190
    Elisha 30, 48-183
    Elizabeth 33, 60-93
    Elizabeth 28, 67-59
    Jackson 24, 68-80

LAY, James 46, 65-18
    James 31, 55-147
    James F. 37, 60-87
    Jesse B. 62, 60-90
    Jessee C. 43, 66-32
    John D. 33, 62-141
    John R. 28, 60-86
    Lewesey 21, 67-63
    Lydia 56, 67-74
    Mary 25, 48-175
    Peter 45, 59-73
    Prior 37, 65-23
    Rachael 33, 64-18
    Rachel 40, 60-95
    Rachel 24, 61-117
    Spencer 36, 66-35
    Spencer 68, 67-72
    Thomas 34, 66-36
    William 85, 19-88
    William B. 84, 65-30
    William D. 52, 66-38
    William L. 70, 65-29
LEACH, Edmond 7, 5-126
    Frank 56, 50-14
    Hester A. 11, 5-126
    John 6, 5-126
    Joseph 20, 57-28
    Joseph 58, 50-13
    Nancy E. 8, 5-126
    Russel 56, 28-160
    Thomas M. 9, 5-126
LEE, Henry S. 24, 37-128
LEECH, Franklin 23, 47-137
    Presten 40, 46-116
LETT, Joseph 49, 7-194
    L. M. 29, 7-189
    Sarah 70, 2-42
LEWALLEN, J. W. 32, 1-16
LEWELLEN, Ewel 29, 65-30
LEWELLIN, Lusia 54, 65-21
LEWIS, Joah L. 35, 44-80
    Swan 21, 43-45
LINART, Charles 48, 37-124
LINDAMOOD, Ballard 32, 48-182
LINDSAY, A. W. 61, 10-21
    W. W. 37, 10-22
    Alen 28, 19-84
    Alex 74, 28-139
    Archie 25, 19-75
    Barbara 43, 10-27
    C. A. 64, 32-265
    C. S. 26, 10-36
    Eve 45, 30-203
    Isaac 32, 9-16
    Isacc T. 22, 19-86
    J. S. 56, 32-266
    Martha 74, 11-50

CAMPBELL COUNTY (82)

LINDSAY, Wm. 32, 19-73
 Wm. 60, 19-76
LIPSCOMB, W. 60, 23-15
LITTLE, George 30, 56-152
 Joshua B. 54, 44-63
 Loueza 35, 44-65
LONG, Artie 26, 44-79
LONGMIRE, Elizabeth 22, 2-56
 J. F. 58, 2-54
 John 28, 2-55
 Oliver 37, 34-41
 William 20, 2-53
LOOLEY, Charles 63, 17-25
 David 30, 17-17
LOU, David 36, 44-71
LOUDERMILK, John 45, 61-115
LOVELEY, Carter 60, 19-92
LOVELY, Abner 21, 12-84
 H. K. 23, 11-72
 John 65, 12-83
LOVET, Ulsses 37, 30-212
LOVLEY, Henry 32, 17-29
LOW, Sarah 68, 53-74
LOWE, Elias 25, 53-92
LOY, F. H. 24, 1-23
 Henderson 57, 10-40
 William 31, 2-44
LOYD, Alex 39, 28-140
 Noah 30, 11-56
 S. 35, 30-211
LUALLEN, Sarah 50, 17-33
 Sterling J. 22, 58-43
LUMPKIN, Danel 30, 44-81
 Pheebe 50, 43-51
LUMPKINS, John 23, 43-50
 W. M. 56, 31-239
LYNCH, H. 73, 23-16
 John 24, 47-154
 Nelson 60, 47-156
 Wesley 35, 47-155
 Willin W. 52, 47-136
MABLEY, John 39, 58-39
MADDEN, Robert 44, 14-147
MAGEE, John 44, 61-118
MAGINSON, M. E. 42, 30-205
MALABEY, William 61, 7-186
MALICOTE, Elbert 24, 33-28
 John 30, 37-120
 John 53, 34-46
MALLICOAT, Calvin 25, 2-52
 Franky 59, 4-118
 Lavicy 54, 2-34
 Milton 35, 4-116
 Rebecca 55, 2-33
MAPLES, James F. 38, 20-106
MARCUM, Gilbert 29, 56-11
 J. 30, 29-180

MARCUM, Osies 21, 21-152
MARLOW, Alex 22, 20-122
 Allen 57, 50-1
 Ben 52, 21-126
 Calvin 17, 22-175
 George 25, 22-179
 John 60, 50-12
 Powel 29, 20-112
 Raben 35, 21-155
 Ruben 52, 52-59
 Thos. 44, 20-118
 Wm. 24, 20-119
MARS, James I. 77, 33-2
 Wellington 48, 33-4
MARTIN, Jeremiah 54, 61-116
 Ulices 4, 66-32
MASON, J. W. 50, 25-66
MASSINGILL, Henry 24, 15-167
 Mat 45, 10-43
MASSIONGAL, G. W. 47, 17-28
 John 28, 21-141
 Matthew 54, 21-142
MAUPIN, Ayres 71, 44-78
 Henry 53, 33-10
 John 23, 33-15
 Sally 43, 40-209
 William 25, 33-10
MAXWELL, James 46, 44-68
 Wm. H. 41, 5-124
McAMY, Andrew 33, 21-132
McCARTY, Dabney 27, 6-154
 Joseph 30, 45-106
McCULLEY, Frank 25, 65-26
McCULLY, Andrew 14, 40-195
 Catharine 22, 39-193
 George 55, 52-58
 Harvy 31, 40-201
 James 45, 49-187
 John 19, 38-156
 Peter 33, 40-214
 William 48, 39-183
McFARLAND, C. 26, 23-11
McFARLEN, Thomas 44, 39-171
McGEE, Alex 51, 21-148
 Alex 23, 20-116
 James 52, 20-120
 Jane 17, 43-40
 John C. 31, 17-22
 John P. 31, 16-10
 John W. 19, 21-146
 Samp 38, 21-154
 Thos. 40, 22-157
 William 21, 21-124
 William J. 52, 42-31
McGLOTHEN, James 16, 48-168
McGLOTHLIN, C. R. 78, 18-56
 Enis 64, 19-80

McGLOTHLIN, James 46, 19-93
    Thomas 21, 19-81
McGRAW, Frank 36, 45-97
    John 47, 40-133
McHONE, Charley 7, 8-212
    John 10, 8-212
McHUGO, J. 49, 32-253
McKINNEY, Bob 30, 8-215
McLAIN, F. H. 41, 25-64
McNALEY, Rufus 34, 14-148
McNEAL, John 36, 39-187
McNEALY, Calvin 22, 48-168
McNEELY, Godfrey 34, 49-199
    James 38, 48-170
    John 48, 48-173
    William 26, 48-176
    William H. 47, 49-194
McNEW, David 41, 8-216
    Elisabeth 28, 44-61
    Elisha 69, 8-227
    Francis P. 56, 44-78
    James H. 33, 44-82
    John 48, 42-15
    William S. 27, 42-14
MEADOR, Jason 44, 37-141
    John 52, 37-136
    Mary 35, 38-143
    Thomas 39, 38-143
MEDLOCK, Frankie 35, 52-71
    John 12, 52-70
MELTON, Howard 44, 13-99
MERIDETH, John 28, 68-81
    O. F. 21, 68-95
    Pleasant 49, 67-78
    Russel 19, 68-79
MERIDITH, James 23, 67-61
MILLER, Alex 31, 18-58
    Alfred 15, 6-149
    Ann 48, 43-47
    Annie 45, 29-179
    Ashly 50, 39-186
    Ayres 17, 41-220
    Benjamin 48, 47-141
    Charles 47, 37-130
    Charles 51, 20-100
    Creed 33, 38-165
    D. E. 26, 26-92
    D. W. 30, 26-101
    Effie 5/12, 50-17
    Esaw 55, 31-236
    Florence 10, 47-159
    Frank 21, 39-191
    Frank 69, 33-19
    Frank 26, 27-106
    Franklin 48, 19-88
    George 38, 5-128
    Go. 22, 27-109

MILLER, Hanner 12, 50-17
    Henry 30, 23-21
    J. M. 38, 29-182
    James 62, 50-2
    James 18, 49-201
    James 59, 39-179
    Jane 56, 43-40
    John 9, 41-223
    John 29, 26-93
    John 26, 5-147
    Jordan 51, 38-164
    Kizzie 55, 32-264
    Louis 31, 4-122
    Mandy 24, 39-192
    Mark 31, 26-103
    Martha 25, 19-96
    Martin 20, 35-72
    Michael 22, 10-35
    Mike 50, 21-139
    Mike 18, 22-161
    Nancy 80, 38-158
    Palestine 12, 47-159
    Payton 50, 4-108
    Rubin 30, 47-139
    Rufus 35, 10-43
    Sterling 36, 27-107
    Thomas 10, 43-50
    Thomas 50, 6-158
    Thorngburg 15, 43-46
    Vanie 25, 50-17
    Walter 72, 43-42
    William 32, 52-67
    William 29, 49-186
    William 6, 50-17
    Wyatt 57, 43-41
MITCHEL, Elija 47, 6-177
MOBLEY, Levi 31, 58-40
    Marshal 1, 58-42
    Susan 21, 58-42
    Wm. Thos. 2/30, 58-42
MONDAY, John 32, 46-126
MONROE, Howard 18, 35-58
MONTGOMERY, B. 75, 28-141
    E. J. 38, 24-43
    M. E. J. 3, 24-43
    Martha 1/6, 24-43
    N. 41, 24-43
MOONYHAM, James 65, 49-203
MOORE, Calvin 18, 67-56
    Jerry 20, 67-56
    Wesley L. 48, 46-112
MORGAN, C. 5, 29-168
    Ephr 48, 60-96
    Jane 25, 56-6
    John 38, 62-142
    Kate 22, 17-31
MORTON, D. R. 36, 1-3

CAMPBELL COUNTY (84)

MORTON, James 62, 2-48
    K. A. 44, 6-174
MOSER, Jacob 50, 16-179
MOSSEY, Minnie 4, 14-147
MOW, Barsha 11, 19-88
    James 14, 19-88
MOWL, Isac 40, 35-62
MOWREY, John 66, 7-190
    John T. 25, 7-179
MOZING, William 27, 42-9
MOZINGO, Cena 70, 45-100
    Clint R. 40, 41-7
    Eliza 60, 41-6
    Fielding 60, 44-69
    I. 22, 25-68
    N. 30, 32-260
    Octava S. 18, 48-165
    Margret 21, 42-8
MOZINGS, M. 31, 28-137
MULINS, Robert 39, 36-109
MURRAY, George 48, 20-105
    H. C. 30, 12-90
    Jacob 40, 14-140
    James 43, 56-154
    John 55, 50-22
    Jno. P. 26, 12-89
    Joseph H. 47, 58-51
    Lewis 38, 12-91
    Robert 35, 16-13
    Tyra 32, 51-31
    Wm. 60, 18-52
    William 46, 51-28
MURRY, Paris 22, 36-116
    Steven 51, 36-114
    Thomas 59, 37-121
    Tobitha 24, 36-115
MUSE, Isaac 34, 64-35
    James 36, 63-13
MUSGROVE, J. C. 32, 15-151
MYERS, Arcabald 44, 33-7
    Isac 78, 35-60
    John 50, 37-119
    Jordan 33, 33-6
    Milton 26, 35-66
    Richard 56, 36-90
    William 24, 35-67
MYRATT, Elkins 52, 18-67
MYRES, Henry 48, 23-26
    Willard 20, 23-25
NANCE, Alen 32, 19-83
NASH, Jackson 48, 38-144
    Matilda 22, 35-59
NATHAN, Wm. 50, 32-247
NEAL, Bart 32, 64-22
    Daniel 58, 23-13
NEALS, Boshears 30, 2-38

NECKEUER, C. 69, 29-173
NEEL, Solomon 48, 22-166
NEIL, Daniel 35, 63-16
NELSON, Enoch 64, 4-114
    George W. 12, 42-10
    Henderson 43, 46-131
    J. M. 24, 2-50
    Lindsy H. 42, 49-197
    Loucy 1/12, 2-59
    Peter 21, 2-63
    William 26, 5-126
    William 52, 2-47
NESBITTE, Willson A. 45, 59-67
NIGHT, John 57, 34-37
NIX, Alice 5, 50-15
    Benjamin 29, 54-120
    Jacen 6/12, 50-15
    Rebecca 22, 50-15
NOTHERN, Melinda 28, 20-106
NULEUER, J. 44, 32-263
NUN, Elisha 68, 50-17
    Preston 21, 62-153
NUNLY, James 41, 57-25
NUNN, Sarah 3, 16-178
OAKS, Elizabeth 61, 53-87
    M. F. 29, 8-220
OFFET, J. B. 42, 31-217
ORICK, James 24, 41-2
    Martha 30, 46-113
ORIO, John 49, 40-206
ORRICK, John 17, 30-209
OVERBAY, John 23, 27-114
OVERTON, Joseph 31, 40-213
OWENS, Aaron 53, 55-146
    Daniel S. 70, 44-60
    James 23, 21-134
    John 26, 21-136
    Washington 31, 38-159
    William 21, 21-134
OXFORD, Isaac 38, 49-206
PAGE, William M. 13, 42-20
PALL, Squire 42, 19-77
PARKER, Elias 52, 49-201
    Elisha 22, 49-196
    George 35, 48-178
    George 20, 10-39
    J. P. 46, 10-38
    Lora A. 18, 49-196
PARKS, Ambrose 32, 59-64
    Jesse B. 33, 61-125
    Nancy 42, 62-143
PARROT, James M. 35, 42-20
PARROTT, Ledford 49, 62-7
PATRICK, George W. 23, 59-66
    Uriah 49, 59-67
PATTERSON, Sarah 50, 43-35

CAMPBELL COUNTY (85)

PATTERSON, Thos. 20, 18-156
PAUL, Car 52, 28-136
 Geo. 24, 27-129
 Jackson 48, 35-65
 James 35, 34-40
 John 54, 34-30
 Joseph 24, 36-96
 Lindy J. 60, 33-5
 Richard 45, 37-122
PEACE, Julia 20, 66-32
PEBLEY, John 46, 46-115
 Mary 35, 52-66
 Willie 4, 52-66
PEBLY, Nancy 68, 45-107
PENINGTON, David 31, 57-22
 Green 33, 56-9
PENNINGTON, Willburn 55, 50-7
PENNY, Geo. 55, 13-118
PERGAL, Frank 35, 10-41
PERKINS, America 32, 54-115
 Calvin 26, 61-133
 Edward 69, 64-1
 Edward 44, 61-119
 Edward 41, 57-18
 John 37, 60-109
 John L. 45, 64-7
 Joseph 39, 66-40
 Lewis 26, 56-7
 Lewis 39, 60-102
 Nancy 36, 64-3
 Peter 33, 60-106
 Peter 36, 61-120
 Peter 20, 57-15
 Prior 63, 66-47
 Prior 22, 56-12
 Rily 63, 54-114
 Sterling 24, 61-129
 Thomas 30, 64-2
 Thomas 33, 57-23
 Thomas 32, 51-33
 William 78, 61-125
PERLEY, Eben 70, 66-44
PERRY, Elizabeth 35, 54-102
PETERSON, A. J. 48, 24-46
 Ann 54, 25-59
 Mary 10, 40-215
PETREE, George 45, 5-145
 George W. 46, 42-10
 Jacob 70, 42-8
 John 52, 48-181
 Sally 54, 37-129
PETRY, Lizie 8, 37-121
PETTIT, Russell 19, 30-206
PHILIPS, Josie 18, 41-231
PHILLIPS, Benj. 23, 22-159
 C. 21, 24-36

PHILLIPS, C. B. 35, 30-210
 Charles 35, 21-129
 Clabe 28, 22-180
 Ewell 40, 67-55
 Fair 20, 22-173
 J. R. 3, 29-169
 John F. 5, 8-208
 Milton 17, 8-206
 Thos. 25, 20-111
 W. H. 1, 29-169
PIERCE, Clinton 34, 45-99
 Daniel 21, 46-109
 James 80, 46-108
 Margret 19, 43-49
 Martha 15, 43-49
 Peter 32, 45-94
 Peter 60, 46-117
 Ruben 23, 17-34
 Susan 31, 46-122
 Thomas 43, 46-127
 William 24, 46-110
 William A. 53, 46-111
PINGLETON, John 9, 11-54
 Sarah 12, 12-80
PINKLETON, Mary J. 12, 1-24
POLLEY, William 21, 59-84
POLSTON, Elias 66, 22-170
 Tompson 46, 39-185
PORTER, H. 23, 30-208
 L. 41, 30-207
POTTER, Barb 23, 32-242
POUELL, James 58, 3-75
POWEL, Matison 23, 38-165
POWELL, J. L. 27, 3-72
 J. P. 29, 3-71
 Jourden J. 31, 3-74
POWERS, Bergis 21, 50-19
 Jessee 50, 65-20
 John 56, 65-19
 Michael 56, 37-132
PRATER, C. 47, 23-22
 Ferrell 22, 12-92
 Henry 23, 12-86
 John 30, 41-217
 Sarah 8, 4-120
 U. 51, 31-237
PREE?, John 53, 56-157
PRESTON, Crutchfield 26, 2-49
PRUETT, Arminda 5, 58-36
 James E. 58-36
 Judea 30, 58-36
 William 2, 58-36
PRUETTE, John E. 37, 61-135
QUEENER, Barbera 37, 16-11
 Benj. 32, 27-105
 C. M. 10, 32-252

CAMPBELL COUNTY (86)

QUEENER, Columbus 20, 58-55
    Dan 25, 28-154
    David 30, 24-40
    Frank 35, 60-89
    George 52, 24-35
    Henry 31, 28-153
    J. E. 29, 29-161
    Jacob 57, 28-146
    Jane 33, 36-111
    Jordan 56, 17-15
    Mary 67, 26-102
    Mary J. 18, 9-8
    Riley 58, 28-150
    S. E. 19, 30-206
    Sil. 20, 30-214
    William 67, 60-88
RAINER, Jas. 50, 30-216
RAINES, Sarah 25, 3-74
RAINS, Caswell 37, 20-109
    Eli 77, 20-107
    Moses M. 32, 1-9
    Thomas 47, 20-108
RAY, Martha 35, 34-56
    Sarah 47, 52-50
READ, Ewel 15, 63-13
RECTOR, Andrew 68, 62-4
    Franklin 30, 67-75
    Louisa 34, 22-185
    Nancy 27, 62-6
    W. R. 36, 23-24
REED, Frances 62, 18-57
    John W. 39, 10-32
    Lewis 32, 10-33
REID, J. H. 26, 26-85
REINS, Jackson 6, 40-195
RETHAFORD, Aaron 25, 56-150
    Abner 41, 53-81
    Elijah 23, 51-39
    Granvil 18, 54-124
    Granvil 36, 52-61
    Pleasant 28, 51-34
    Sterling 47, 52-72
    Thomas 43, 52-64
    William 51, 53-93
    William 51, 51-47
REYNOLDS, E. 12, 23-14
    E. 56, 23-20
    John 54, 61-127
    Mary C. 24, 18-59
    Quince 52, 17-36
RHODES, Mat 39, 32-251
RICARDSON, Frank 49, 34-43
RICE, John 49, 32-243
    John 22, 59-66
RICH, Henry 71, 18-55
RICHARDS, Wiatt 50, 6-166
RICHARDSON, A. F. 36, 9-2
    D. 76, 9-6
    Daniel 62, 36-87
    F. 19, 9-1
    Hiram 27, 16-184
    J. F. 28, 15-162
    J. H. 41, 9-3
    Lou 44, 35-74
    P. 100, 28-134
    R. 65, 28-135
    T. B. 30, 15-153
    W. W. 40, 16-183
    William 37, 2-64
RICHMOND, David 20, 59-81
    Elias 60, 59-82
    Joel 60, 13-108
    John R. 43, 56-5
RIDENOUR, Daniel 45, 6-165
    F. 28, 32-256
    H. L. 48, 6-171
    Harvy G. 34, 6-173
    Sarah 14, 2-58
    William F. 19, 6-170
RIDNER, John 20, 56-151
    William 44, 54-119
RIGGS, Edmon 35, 20-98
    Edmond 62, 9-11
    Elias 69, 19-74
    George W. 45, 49-204
    J. W. 31, 9-12
    Joseph 26, 4-105
    Milly 75, 48-171
    Samuel 43, 33-24
    Sias 49, 39-170
    Thomas 32, 49-193
    Thomas 30, 48-172
    Thos. 45, 17-30
    William 52, 33-20
RIGS, Rachel 65, 38-146
RITCHARDSON, Eliza 1, 29-167
    F. S. 4, 29-167
ROACH, Beckie 27, 14-145
    Ben 39, 4-102
    James 6, 14-145
    John 37, 5-146
    M. 60, 28-157
    Parasidia 3, 14-145
    Silas 1, 14-145
    Wm. 29, 14-145
    William 32, 4-119
ROBERSON, Samuel M. 55, 45-86
ROBERTS, Francis 16, 22-185

CAMPBELL COUNTY (87)

ROBERTS, Perry 12, 22-185
ROBINS, Jno. 64, 12-95
    Samuel 37, 7-195
    William 54, 1-20
    William 52, 8-219
    William Z. 39, 1-19
RODGERS, H. M. 18, 26-85
    Queed 22, 24-47
    Will 19, 26-99
ROGERS, Canida H. 54, 46-118
    Henry 48, 51-44
    James 30, 48-163
ROGES, Rubin 24, 41-4
ROLIN, Lafayette 17, 13-118
    Mansfield 13, 13-118
ROMAIN, Leah 51, 61-117
ROMINE, Nancy 65, 36-94
ROMINES, James 15, 5-126
    Manurva 16, 5-126
    Priar 13, 5-126
ROOKARD, James 50, 62-1
    Tyree 26, 63-11
ROSIER, H. 28, 25-58
    Huston 5, 3-70
    Mary 17, 25-56
    Millard 28, 3-70
ROSS, Calvin 42, 61-131
ROW, David 50, 54-118
ROWE, Gabrel 24, 36-89
RUCKER, Lewis 44, 53-82
RUNNELS, Benjamin 21, 55-134
    Elias 47, 55-128
    John 24, 55-148
RUSELL, Henry 1, 41-231
    John 3, 41-231
RUSS, Betsy 80, 19-88
RUSSEL, George W. 36, 49-209
    Thomas 26, 51-48
    William 56, 56-158
RUSSELL, C. D. 44, 26-84
    W. B. 49, 25-55
RUTHERFORD, Alfred 30, 7-187
    Robert 34, 2-46
    Rufus 28, 12-97
ST. JOHN, John 22, 44-62
SANDERS, Abraham 43, 7-181
    Dock 19, 63-7
    Eli 52, 7-203
    Tony 71, 9-4
SAULS, Samuel 33, 4-100
SCHLOSSHAN, Phillip 34, 49-200
SCRUGGE, W. J. 45, 24-34
SEIBER, Phillip 50, 72-177
SETTLE, Mahala 30, 45-105
    Manerva 50, 45-104
SEXTON, Caswell 45, 66-50
    James 60, 67-54
    Julia 16, 42-19

SEXTON, K. 27, 30-196
    Permelia 11, 42-19
    Sarah 14, 42-19
    William 20, 41-4
SHARP, Alfred 62, 12-96
    Anna 71, 36-109
    Cal 40, 14-130
    Casper 24, 35-71
    D. W. 60, 31-235
    David 78, 36-99
    David 16, 6-149
    Dicy 50, 30-213
    Eli 59, 1-14
    Eli 65, 11-69
    Emey A. 21, 7-199
    F. W. 30, 1-13
    Frank 35, 12-93
    G. Washing 67, 63-10
    Geo. 32, 15-154
    Geo. 25, 14-133
    George M. 29, 62-2
    H. H. 39, 12-94
    Henry 32, 14-143
    Henry 52, 37-121
    Hiram 58, 29-179
    J. F. 46, 10-37
    Jacob 68, 12-92
    Jas. 29, 14-141
    James 39, 68-90
    Jasper 21, 6-158
    Jo. A. 42, 17-41
    John 60, 13-123
    John 50, 12-75
    John 23, 67-65
    Joseph 31, 6-150
    Mary 80, 47-141
    Mary 25, 31-221
    Mary 36, 63-14
    Mira 65, 30-214
    Nancy 40, 67-62
    Pleasant 41, 11-71
    Riley 21, 67-63
    Robbert B. 35, 63-8
    Silas 33, 35-59
    Squire 35, 35-74
    Tillman 55, 24-44
    W. Henry 51, 30-206
    W. P. 22, 14-139
    William 33, 34-31
    Wm. 25, 12-88
    William 20, 18-53
    William 64, 40-210
    William 35, 68-93
    Winfield 19, 5-148
SHELTON, Margaret 48, 68-94
SHELVEY, Mary 43, 39-175
SHELVY, William 13, 48-163
SHEPARD, George M. 58, 46-120

CAMPBELL COUNTY (88)

SHEPARD, Henry 26, 47-157
SHEPHERD, Amos 45, 51-25
    Thomas 36, 50-16
    William 23, 50-15
SHEPPERD, James 72, 5-130
    Riburn 23, 5-136
SHETTERLY, Columbus 53, 19-95
SHOOTMAN, Robt. 17, 64-28
    Robt. 66, 63-19
SHOWN, A. W. 31, 7-196
    Fredrick 80, 6-159
    J. W. 20, 16-20
    Juliet 41, 9-13
    P. F. 35, 7-197
    William 22, 7-198
SHULTZ, W. M. 33, 31-233
SILCOX, Levi 41, 63-13
SILER, Calvin 34, 51-30
    Hayes 30, 50-20
    William 57, 50-19
SINGER, Nancy 25, 53-87
    Thomas 6, 52-52
SLOVER, Jas. 49, 12-81
SMIDDAY, Betty 35, 67-57
    China 12, 67-58
    John 12, 64-1
    Katie J. 9, 67-58
    Retuly 14, 67-58
SMIDDY, Calvin 24, 61-128
    Jas. F. 34, 17-27
    Reuben 24, 56-11
SMIDY, Benj. 26, 30-195
    Bettie 27, 31-238
    Cal. 60, 30-194
    James 53, 32-244
    James 33, 30-196
    John 35, 25-52
SMITH, Abraham 28, 62-146
    Alexander 61, 38-161
    Alvin W. 39, 59-85
    Anderson 50, 42-26
    Andrew J. 48, 59-70
    Anthony 26, 40-206
    Arcabald 49, 38-152
    Benjamin 30, 42-29
    Brice 39, 35-70
    Calom 43, 59-63
    Creed F. 5/12, 47-141
    Drew 27, 9-5
    E. P. 72, 30-204
    Edward 65, 64-26
    Eliza 50, 45-88
    Elizabeth 60, 60-97
    Emily 40, 32-247
    Ewel 34, 60-91
    Franklin 24, 39-169

SMITH, Geo. 42, 27-124
    Hannah 39, 13-109
    Horrace 47, 40-209
    I. J. 22, 8-209
    Isaac 36, 67-71
    J. L. 22, 27-119
    Jackson 38, 38-160
    James 31, 35-68
    James 75, 59-71
    James E. 36, 44-61
    Jeremiah 29, 57-20
    Joe 19, 9-6
    John 27, 33-1
    John 51, 30-204
    John 64, 66-44
    John 20, 59-67
    John 61, 35-69
    John 17, 42-24
    John M. 27, 38-154
    John M. 33, 59-62
    Jordan 82, 30-204
    Joseph 12, 46-118
    Josiah 55, 57-20
    Josiah 20, 57-17
    L. 37, 25-70
    Lee 25, 40-211
    Lee J. 48, 43-33
    Marcilus N. 33, 45-92
    Martha 58, 42-25
    Mary 7, 48-161
    Mary 12, 50-2
    Nancy 53, 39-188
    Olive L. 20, 47-141
    Oty T. 26, 42-21
    Perry 22, 66-43
    Preston 37, 41-223
    Richard 30, 45-87
    Sarah 48, 48-174
    Sarah 67, 2-62
    Silus 30, 47-141
    Sterling 85, 31-235
    Susan 46, 44-77
    Tesha 24, 43-43
    Thomas M. 52, 57-21
    Uriah 23, 59-65
    William 36, 66-34
    William 55, 40-195
    Wm. 45, 15-166
    William H. 23, 3-79
    Wm. M. 29, 11-51
SMITHERS, Easter 39, 55-129
    Lewis 23, 55-130
SMITHSON, Bashy 37, 36-88
SNAPP, John 30, 58-37
SNODERLY, Bratcher 24, 3-87
SNYDER, Roan 17, 61-125

SPANGLER, Gustavus 60, 43-43
    Silvester 51, 43-52
    Wesley 22, 48-164
SPARKS, M. D. 44, 31-234
    Mary 17, 58-38
    Matison 43, 39-168
    Rufus 24, 49-195
SPEARS, Dan 37, 32-246
SPENCER, William 19, 44-78
SPOCKS, James 74, 34-36
SPRADLING, Lurany 35, 15-175
    Mary 8, 15-175
    Patten 17, 15-175
    Tildy 6, 15-175
STANFIELD, Louis J. 26, 48-184
STANFILL, James 53, 67-68
    James 22, 11-44
    Joseph 17, 67-72
    Lewis 48, 67-52
    Michael 23, 66-49
    Milton 60, 67-66
    Sampson 80, 67-51
STANFORD, Hiram 69, 1-27
    Jane 23, 2-51
    W. C. 33, 2-28
STANSBERRY, Wm. 44, 10-34
STEENBURG, David 28, 20-104
STEP, Jane 35, 39-175
    Mitchel 2, 39-175
    Robert 10, 39-175
    Steven 35, 39-172
    Washington 6, 39-175
STEPENS, Martha 39, 5-138
STEVENS, Ephragm 52, 34-35
    Josh 32, 55-135
STIDAM, Caroline 50, 64-33
STOKES, Henry 22, 17-19
    Jane 20, 14-131
    Wm. M. 50, 19-96
    Wm. S. 24, 20-97
STONE, H. P. 37, 31-217
STONECIPHER, J. H. 23, 6-155
STOUT, A. S. 25, 4-95
    Barbara 51, 15-150
    John 29, 7-184
    Madison 49, 8-208
    William 28, 4-97
    William F. 31, 7-180
STRATON, Ann 45, 38-166
    John 20, 34-52
SUMERS, Loranza 42, 36-92
SUMNER, Joseph 33, 68-96
SUTTLE, William 41, 36-113
SUTTLES, Jackson 78, 19-88
SUTTON, Henry 37, 37-125
    Hugh 21, 39-174

SUTTON, James 32, 29-163
    Jane 68, 37-125
    Marthy 47, 33-25
SWEAT, F. 27, 27-127
    G. W. 37, 26-87
    Gravil 22, 47-143
    Lea 15, 3-72
    M. A. 60, 24-38
    Sharp 13, 24-38
SWEET, Barbery 22, 48-162
    John 26, 48-166
    Presten D. 36, 48-167
    William 28, 48-165
    William J. 58, 49-207
SWEETON, Rebecca 50, 17-21
TACKET, J. 30, 30-198
    Mike 29, 21-147
    Mike 4, 22-164
    Cresia 6, 22-164
    Sallie A. 1, 22-164
TAILOR, W. M. 56, 25-57
TAYLOR, Andrew J. 8, 60-104
    C. 19, 23-25
    Daniel 23, 61-130
    J. 34, 25-56
    T. J. 32, 25-80
TEASTER, Nathan 57, 16-7
    H. 60, 27-122
TERRY, Marion 35, 67-58
    Rosie 22, 67-61
THOMAS, James 47, 8-226
    John 30, 24-39
    Mary 21, 8-224
    R. 33, 24-38
THOMPSON, B. 65, 24-46
    C. 21, 24-41
    Eura 20, 19-88
    James 49, 29-172
    Laura 2/12, 19-88
    Thos. 46, 29-186
    Levi 45, 38-151
TIDWELL, Geo. 40, 15-173
    Mary 49, 3-91
TILLER, A. G. 23, 16-182
    Geo. 22, 28-138
    H. C. 51, 15-155
    J. B. 23, 15-152
    Nathaniel 24, 34-49
    T. M. 49, 9-10
    W. F. 25, 15-161
    Wyley 50, 34-48
TOMPON, Jerry 21, 68-91
    John 19, 68-92
    Lewis 17, 68-92
TOMPSON, Lewisey 38, 62-3
TOPEL, George P. 24, 61-134

CAMPBELL COUNTY (90)

TOPEL, John C. F. 51, 62-137
TOW, Loransa D. 56, 57-30
TOWNSAND, Nancy 82, 41-220
TRAMEL, Elizabeth 25, 66-33
TURNER, Benjamin 57, 50-5
    Elisabeth 76, 45-94
    James H. 35, 46-125
    John A. 57, 46-124
    Louis 44, 8-207
    William 48, 48-161
TUTTLE, Joseph M. 38, 20-190
TWINER, James A. 39, 43-38
VENERABLE, Bluford 56, 44-67
VILET, William 21, 35-81
VINSANNT, G. 50, 27-108
    G. W. 57, 24-45
    J. M. 30, 27-117
    J. W. 27, 27-126
    L. P. 55, 28-139
    L. P. 32, 27-118
VINSANT, Richard 22, 10-24
VIOLET, John 20, 27-128
VOIOLATE, Martin 35, 3-93
WAISMAN, J. R. 12, 30-211
WALDEN, A. 25, 50-9
    Andy 17, 55-140
    Benjamin 44, 56-155
    Evin 57, 55-139
    Felix 33, 58-47
    Frank 44, 55-143
    George 42, 52-57
    James 18, 41-2
    James 49, 55-142
    James 42, 52-55
    John 30, 51-26
    Martha 20, 53-81
    Jesse 40, 56-13
WALDON, Ann 29, 57-32
WALKER, Disa 60, 19-89
    Elijah 35, 34-55
    J. S. 42, 23-2
    James 44, 35-84
    John 43, 36-108
    John 20, 29-161
    L. 49, 23-25
    Lafayette 51, 14-136
    Mahala 16, 4-98
    Mary 18, 27-113
    Mollie 14, 23-25
    Susan 17, 13-115
    Thomas 40, 43-58
    Wilson 35, 34-44
WALLACE, Manda 37, 13-122
    Robert 39, 12-79
    W. H. 38, 23-3
WALTEN, William 25, 44-72

WALTON, Caty 56, 43-53
    John 22, 25-77
    Nancy 50, 25-76
WARD, Dakely 43, 22-165
    Farley 20, 22-172
    Hile 28, 22-183
    Michael 30, 20-121
    Michael 22, 22-164
    Wm. 61, 22-178
    Wm. L. 42, 22-162
WARNER, Connah 21, 60-90
WARREN, Orvelee 20, 60-103
WARWICK, J. W. 46, 26-102
WATERS, Gamon 34, 36-106
WATTERS, Elizabeth 68, 36-107
    Joseph 29, 36-105
WEALCH, Sterlin 52, 38-147
WEATHERFORD, S. 35, 26-88
WEBB, Belle 23, 18-46
    Chas. P. 31, 17-18
    Elias 45, 17-32
    John 55, 18-47
    John 22, 18-59
    John C. 41, 63-9
    Lucy 64, 17-31
WELCH, Jehugh 13, 38-165
    Levi I. 26, 13-116
WELLS, Charles 24, 48-175
    Eli 25, 44-73
    Elijah 23, 40-178
    Esqr. 21, 49-210
    John 54, 40-177
WELSH, M. 30, 30-193
    R. 17, 27-112
WHEELER, D. H. 27, 29-183
    E. F. 40, 24-32
    Eliza 3, 39-167
    Helen 11, 39-167
    J. F. 48, 32-252
    Jane 44, 39-167
    M. D. 42, 31-221
    R. D. 33, 30-211
WHITE, Ewel 33, 17-24
    Hannah 65, 20-112
    John 19, 21-132
    Lou 19, 31-240
    Nancy 45, 21-132
WHITECOTTON, Wm. 50, 16-8
WHITEHEAD, Lou 12, 52-52
WIATT, John 69, 65-15
WIER, A. J. 25, 26-100
    Ann 23, 27-129
    Beggy 66, 27-123
    J. W. 31, 26-104
WILABY, Preston 19, 40-205
WILHIGHT, David 55, 3-89

WILHIGHT, Rufus 25, 3-90
WILHITE, Dave 55, 41-229
    George 32, 36-87
    Ginny 65, 38-143
    John 28, 35-82
    Joseph 28, 15-149
    Ples. 43, 9-3
    Rufus 25, 41-230
WILHOIT, D. 18, 26-96
    S. 22, 31-220
    Sallie 19, 32-264
WILLABY, Elbert 45, 36-86
WILLBORN, Elihue 38, 54-117
    Will 29, 54-112
WILLBURM, James 39, 53-91
WILLBURN, Henry 37, 55-138
    Sarah 30, 53-76
WILLHITE, Benjamin 62, 36-103
    Lemuel 33, 36-102
WILLIAM, Mariam 14, 57-33
WILLIAMS, Ailsa 39, 57-33
    Alexandre M. 8, 57-33
    Calvin 35, 51-32
    Green B. 29, 57-34
    J. 37, 25-74
    Jacob 79, 64-17
    Jas. 67, 33-0
    John 37, 9-231
    Sarah 24, 56-11
    Sarah 76, 64-17
    Willson 75, 58-42
WILLIAMSON, Charley 56, 5-143
    Lucy Ann 18, 48-183
    Margret 25, 5-144
    Marshall L. 1, 48-183
    Nancy 48, 48-183
    Sarah J. 22, 48-183
WILLOBEY, Andrew 28, 47-151
    George W. 6, 43-43
    Joseph 67, 47-150
    William F. 2, 43-43
WILLOUGHBY, Jane 74, 4-107
    John 41, 4-106
WILLOUGOBY, P. 40, 30-190
WILLS, Annie B. 7, 63-10
    Mollie 27, 63-10
WILLSON, William 51, 47-158
WILSON, Abraham 57, 21-130
    Alex 43, 15-172
    Alfred 38, 13-110
    Alvis 1, 8-224
    Betsy Ann 3, 12-95
    Calvin 45, 2-59
    Claiborn 35, 13-109
    Daniel 31, 41-227
    Daniel 33, 54-126

WILSON, Daniel E. 49, 13-103
    Darthaly 30, 5-128
    Elbert H. 31, 15-165
    Elizabeth 16, 4-119
    Elvin 25, 13-114
    Enos 30, 33-11
    G. W. 44, 15-156
    Geo. 32, 13-105
    Geo. 35, 15-158
    Griffin D. 19, 61-120
    Henry 59, 34-51
    I. 36, 25-60
    Isac 24, 21-131
    James 26, 15-157
    James 27, 20-115
    James 19, 4-108
    James H. 30, 5-129
    James R. 36, 13-113
    Jerry 42, 15-174
    Jessee 21, 40-210
    Jessie 21, 21-137
    John 36, 13-111
    John 50, 2-35
    Jonithan 28, 20-114
    Levi 64, 15-175
    Lindsey 67, 15-164
    Lotta J. 8, 12-95
    Louis 18, 2-60
    Manda 18, 4-108
    Mary 41, 16-8
    Nelson 52, 6-157
    Peterson 45, 16-177
    Robert 2, 5-128
    Rufus 15, 6-161
    Sampson 48, 4-98
    Sarah 50, 16-178
    Squire 28, 37-118
    Susie 40, 21-123
    Thomas 36, 19-78
    W. C. 36, 15-163
    Wallace 14, 9-230
    Wilburn 51, 13-112
    William 4, 34-53
    William C. 67, 61-120
WIRICK, Jefferson 68, 5-133
    John 45, 5-135
    Thomas 25, 5-134
WOLTERSDROFF, Henry 46, 16-5
WOOD, C. 33, 27-112
    D. 30, 27-111
    David A. 26, 1-22
    Harrison 62, 16-2
    James 39, 18-62
    William 28, 1-21
WOODARD, Frank 21, 6-156
WOODS, Andrew 72, 17-26

CAMPBELL COUNTY (92)

WOODS, Crofferd 23, 6-162
    Maynard 26, 63-12
    Steve A. 65, 64-24
WOODSON, Andrew 34, 40-212
    Charles 11, 43-40
    Eliza 62, 40-202
    Levy 23, 45-92
    Lucy 37, 40-203
    Silus 42, 43-46
    William 30, 40-214
WOODWARD, C. M. 19, 15-170
    Wm. N. 58, 15-169
WOOSLEY, Hesacire 64, 66-46
WOOTSON, M. J. 16, 32-264
WORLEY, Margrett 45, 21-134
WRIGHT, Catharine 42, 37-117
    Elizabeth 30, 9-230
    Henry 35, 5-131
    Henry 18, 4-121
    John 25, 56-156
    John 21, 29-169
    John 26, 41-231
    Robin W. 4, 9-230
    Nancy 43, 3-67
WYATTE, Mary 23, 59-78
YORK, Allen 31, 52-52
    Frank 27, 51-36
    John 29, 50-11
    Joseph 65, 56-159
    Luticia 23, 50-23
    Richard 35, 54-108
    Thomas 14, 50-23
    Thomas 68, 51-35
    Wm. 44, 23-27
    William 66, 50-18
YOUNG, A. 2, 30-195
    Annie 25, 30-195
    Charles J. 55, 58-41
YOUNT, Joe 37, 31-224
YUNT, Telitha 22, 64-27

www.ingramcontent.com/pod-product-compliance
Lightning Source LLC
Chambersburg PA
CBHW080522110426
42742CB00017B/3204